Apostolat der heiligen Mutterschaft

Übersetzung: Margrit Meyendriesch

Parvis-Verlag
CH-1648 Hauteville/Schweiz

NIHIL OBSTAT
Monsignor Joseph P. Malara
Censor Librorum

IMPRIMATUR
Erzbischof Albert H. Ottenweller, D.D., S.T.L.,
Bischof von Steubenville
5. Juni 1991

Amerikanischer Originaltitel:
«The Apostolate of Holy Motherhood»

Parvis-Verlag
CH-1648 Hauteville/Schweiz

Postsendungen in alle Länder

Gedruckt in der Schweiz

ISBN 3-907523-54-7

Stellungnahmen anerkannter katholischer Theologen betreffs der Botschaften des «Apostolates der heiligen Mutterschaft in den katholischen Familien»

«Was die Lehre betrifft, so habe ich hier nicht das Geringste einzuwenden, ich habe auch nichts Falsches in den Formulierungen gefunden; im Gegenteil, alles macht auf mich den Eindruck vollkommener Rechtgläubigkeit; es kommt hier eine Form christlicher Spiritualität zum Ausdruck, wie sie gerade heute äußerst notwendig ist.»

Rev. Michael O'Carroll, C.S.Sp.,
international anerkannter Mariologe und
Mitglied der Internationalen Gesellschaft für Mariologie

«Die lebensnahe Weisheit, wie sie in den Offenbarungen des "Apostolates der heiligen Mutterschaft" zum Ausdruck kommt, vermag einen Weg aufzuzeigen, um der allgemeinen Verweltlichung entgegenzutreten, die vor allem ihren Ausdruck in übertriebener Suche nach Zerstreuungen und nutzlosem Gerede findet, in kritikloser Sich-Aneignung von im Fernsehen angepriesenen Werten, von Gruppentherapie als Antwort auf alle nur denkbaren Probleme: Hier aber werden wir eingeladen, uns im Gebete dem Herrn zuzuwenden, vor allem den Rosenkranz zu beten, Buße zu tun, die eucharistische Anbetung zu pflegen, das Sakrament der Versöhnung zu empfangen, die heiligsten Herzen Jesus und Marias zu verehren und in der treuen Erfüllung der täglichen Pflichten im Gehorsam gegenüber dem kirchlichen Lehramt zu leben.»

Rev. George Kosicki C.S.B.,
Apostel der göttlichen Barmherzigkeit

«Das vorliegende Werk enthält keinerlei Irrtum, was die Lehre der Kirche in Glauben und Sittenlehre betrifft, daher wurde es für geeignet erachtet, die kirchliche Druckerlaubnis zu erhalten. Es handelt sich hier um ein Zeugnis tiefer Spiritualität, was die Mutterschaft und das Leben der Hauskirche betrifft.»

Mark I. Miravalle S.T.D.,
Theologieprofessor und Leiter des Amtes für zeitgenössische Marienerscheinungen an der Franziskanischen Universität von Steubenville

«Indem ich mich in allem dem Urteil der Kirche unterwerfe, bin ich der Überzeugung, daß diese Botschaften, diese Aufrufe Mariens zu echt christlicher Mutterschaft, ermutigend sind und zu innerer Besinnung zu führen vermögen.»

Rev. Giles Dimock, O.P.,
Theologieprofessor am Angelicum in Rom und am Seminar der heiligen Apostel

«Ohne in irgendeiner Weise dem Urteil der Kirche über den übernatürlichen Ursprung dieser Botschaften vorgreifen zu wollen, möchte ich doch meiner Überzeugung Ausdruck verleihen, daß dieser aufrüttelnde Ruf zur Heiligkeit des Familienlebens und der christlichen Mutterschaft ganz unverfälscht die Botschaft des Evangeliums wiedergibt, deren die heutige Welt so dringend bedarf und nach der sie so verzweifelt auf der Suche ist.»

Rev. George T. Montague, S.M.,
Professor für Theologie und Heilige Schrift
an der St. Mary's Universität, San Antonio, Texas

Das Apostolat der heiligen Mutterschaft

Die Welt tritt in das Zeitalter des Heiligen Geistes ein; sie wird die marianische Prägung seiner Braut tragen. Schon bald werden wir große Dinge sehen. Die ersten Zeichen eines neuen Pfingsten auf Erden zeigen sich schon überall wie die ersten Blumen im Frühling. Seit mehreren Jahrzehnten künden unerhörte Charismen, die überall in der Kirche aufgetaucht sind, vom Anbruch neuer Zeiten. Es ist, als ob sie von einer unsichtbaren Hand ganz einheitlich geleitet würden. Nach der Kälte des Winters ist es der Lebenssaft, der die gefrorenen Böden und die alten Rinden hat aufbrechen lassen.

Und siehe da, der Himmel bereitet gegenwärtig neue Werkzeuge für die neue Welt, die uns erwartet. Unter vielen anderen gehört dazu auch das *«Apostolat der heiligen Mutterschaft»*. Welcher Art ist dieses neue Apostolat und woher kommt es?

Das «Apostolat der heiligen Mutterschaft» nahm seinen Beginn im göttlichen Herzen Jesu und im unbefleckten Herzen Mariens. Es richtet sich — im Schoß der katholischen Kirche — an Mütter mit marianischer Gesinnung. Diese Mütter wollen sich von ganzem Herzen dafür einsetzen, in ihrem Leben ganz konkret die drei folgenden Leitlinien zu verwirklichen:

1. Sie widmen ihre Zeit, ihre Kräfte, ihre materiellen Güter sowie ihre eigene Person gänzlich der größeren Ehre Gottes; sie trachten danach, immer und überall den Willen Gottes in ihrem Leben zu suchen.

2. Sie weihen sich der heiligen Jungfrau Maria unter ihrem Titel der «Mutter Gottes».

3. Sie achten darauf, ihre täglichen Aufgaben als Ehefrauen und Mütter zu erfüllen, indem sie im Herzen ihrer Familien ein kontemplatives Leben führen. Dies wird für sie selbst, für die Kirche und für die Welt ein Weg von beispielhafter Heiligkeit sein.

Diese Leitlinien wurden Mariamante am 25. März 1987, dem Fest der Verkündigung des Herrn, von Jesus mitgeteilt.

Die wunderbare Rolle der «Neuen Eva»

Wozu dieses neue Apostolat?

Das Meisterwerk der Schöpfung ist das Herz der Mutter. Beginnen wir beim Herzen der Mutter der Mütter: Maria hatte das unvergleichliche Privileg, in ihrem jungfräulichen Schoß die menschgewordene Liebe, den Herrn der Welt, zu tragen. Für immer ist sie das vollendete Vorbild heiliger Mutterschaft. Und ihre Mutterschaft umhüllt die gesamte Menschheit. Sie ist daher durch ihr Sein und ihre Sendung «Miterlöserin» und «Mittlerin» bei ihrem göttlichen Sohn geworden.[1] Innerhalb der erlösten Menschheitsfamilie ist sie die «neue Eva», die an der Seite des «neuen Adam» steht. Unter diesem Bild haben schon die Kirchenväter Maria und ihre Rolle in der Heilsgeschichte betrachtet. Und die Päpste der modernen Zeit haben die Teilnahme Mariens am Erlösungswerk ihres Sohnes sehr unterstrichen: «Mit Christus hat Maria das Menschengeschlecht erlöst» (Benedikt XV.). «Der Erlöser hat schon durch die Art seines Werkes seine Mutter diesem beigesellen müssen. Und aus diesem Grund rufen wir sie unter dem Titel «Miterlöserin» an (Pius XI.). Was die Mittlerrolle Mariens anbetrifft, so ist sie eine her-

1 Siehe «Maria, Miterlöserin, Mittlerin, Fürsprecherin» von Mark Miravalle, Professor für marianische Theologie an der Franziskanischen Universität von Steubenville (Ohio, USA). Die folgenden Zitate sind diesem kleinen Buch, das sehr reich an marianischer Theologie und Spiritualität ist, entnommen. Es ist beim Parvis-Verlag, CH-1648 Hauteville, erhältlich.

ausragende, unersetzliche Teilnahme an der einzigen Mittlerschaft Jesu Christi, dem Erlöser und der Quelle aller Gnaden.

In Kana und auf Golgotha, also am Anfang und am Ende des österlichen Weges ihres göttlichen Sohnes, enthüllt die «neue Eva» an der Seite Jesu, ihres Kindes, die ihr zugedachte Rolle der «geistlichen und universellen Mittlerschaft in der Ordnung der Gnade». «Gott hat gewollt, daß alles, was wir haben, durch die Hände Mariens geht» (hl. Bernhard). Und dieser größte unter den marianischen Kirchenvätern verleiht seiner Aussage noch größeren Nachdruck, wenn er schreibt: «Es ist der Wille Gottes, daß wir alle Gnaden durch Maria erhalten.» Der hl. Alphons von Liguori sagt es noch ausdrücklicher: «Gott, der uns Jesus Christus gegeben hat, will, daß alle Gnaden, die den Menschen in der Vergangenheit, der Gegenwart und in der Zukunft bis zum Ende der Welt durch die Verdienste Jesu Christi verliehen werden, aus den Händen Mariens und durch ihre Fürbitte ausgeteilt werden sollen.»

Schließlich ist Maria bei der heiligsten Dreifaltigkeit *«Fürsprecherin»* für das Menschengeschlecht, dem sie selber angehört. Und dies ist sie ganz besonders in Zeiten großer Gefahr, wie es im *«Salve Regina»* so ausdrucksstark heißt: «Wohlan denn, unsere Fürsprecherin, wende deine barmherzigen Augen uns zu... Zu dir rufen wir verbannte Kinder Evas; zu dir seufzen wir trauernd und weinend in diesem Tal der Tränen.»

Maria ist Fürsprecherin der Menschen, weil sie Braut des Heiligen Geistes, des Parakletos — «der, den man Beistand nennt» — ist. Sie ist die *«Parakleta»*, von Gott im Hinblick auf die Empfängnis des Gott-Menschen dazu gerufen zu helfen. Sie ist dazu auch durch den Heiligen Geist gerufen: im Pfingstgemach, bei der Geburt der Kirche. Je mehr daher der Heilige Geist Maria, seine geliebte und unzertrennliche Braut in einer Seele antrifft, um so wirkender und mächtiger wird er in dieser Seele Christus hervorbringen und diese Seele Christus gleichgestalten» (hl. Louis-Marie Grignion de Montfort).

Maria, unsere Mutter, verbindet sich mit den Müttern

Wegen dieser Fürsprecherrolle will Maria, die Miterlöserin und Mittlerin aller Gnaden bei Christus, sich mit allen Müttern, die es wünschen, verbinden. Sie hat auf vollendete Weise die heilige Mutterschaft ausgeübt. Nun liegt ihr daran, daraus ein Apostolat zu machen. Sie lädt auf herzliche und inständige Weise die Mütter dazu ein, *«Apostel der heiligen Mutterschaft»* zu werden. Wie geschieht da? Ganz einfach, indem sie ihre Aufgaben — die gewöhnlichsten wie die höchsten — auf eine möglichst vollkommene Weise erfüllen und dabei dem Beispiel Mariens folgen. «Ordinaria extraordinarie»: Die täglichen, gewöhnlichen Aufgaben eines Mutterdaseins außergewöhnlich gut erfüllen. Aus Liebe. Mit welchem Ziel? Das wichtigste und wunderbarste Ziel ist: *«Mitzuwirken am Heil der Seelen, an der Errettung der Welt.»* Die Mütter als Mitarbeiterinnen Christi und Mariens!

In den Augen des Herrn haben nicht die glanzvollen Aktionen, die großen Taten, die in der Menschheitsgeschichte festgehalten werden, den größten Wert; es sind vielmehr die einfachen Arbeiten, die mit Liebe ausgeführt werden, die in seinen Augen kostbarer sind. «Eure Gedanken sind nicht meine Gedanken», sagt der Herr. «Und meine Wege sind nicht eure Wege» (Jes 55,11). Jesus und Maria zeigen den Müttern auf, wie sie sich der einzigartigen und unersetzlichen Rolle Mariens anschließen können. Maria ist Miterlöserin, Mittlerin und Fürsprecherin bei ihrem göttlichen Sohn für eine Menschheit, die heutzutage schrecklichen Bedrohungen ausgesetzt ist, da sie durch die Sünde die göttliche Ordnung der Schöpfung kaltblütig umgestürzt hat. Da die Situation drängt, rufen Jesus und seine heilige Mutter die großmütigsten und uneigennützigsten Herzen an, die Seelen, die zur Meisterschaft in der Liebe, der Hingabe, im Verzicht, in der Güte gelangt sind; sie rufen jene an, die die Vorbilder der ganzen Menschheit sind; die Mütter, das Meisterwerk der Schöpfung.

Zu diesem Zweck haben der Herr und seine heilige Mutter das *«Apostolat der heiligen Mutterschaft»* ins Leben gerufen.

Wie ist dieses Apostolat in Erscheinung getreten?

Es geschah irgendwo in den Vereinigten Staaten zwischen dem 8. Februar und dem 11. August 1987; durch eine schlichte Mutter von drei Kindern. Sie ist 35 Jahre alt. Weder ihr Name noch ihr Wohnort sollen veröffentlicht werden. Sie will unbekannt bleiben, denn sie will sich vor allem ihren Aufgaben als Ehefrau und Mutter widmen. Mit ihrem Mann und ihren Kindern bildete sie eine gewöhnliche katholische Familie, die in Glaubensdingen nicht gerade eifrig, aber auch nicht gleichgültig war. Sie waren eher aus Tradition und nicht aus Überzeugung katholisch. Sie waren irgendeine Familie, deren Hauptinteresse nicht der Glaube war. Ein marianischer Theologe, der beauftragt wurde, sich mit dem mystischen Fall dieser Mutter zu beschäftigen, hat ihr den Namen «Mariamante» gegeben, was soviel bedeutet wie: jene, die Maria liebt.[2]

Es war im Dezember 1986, als sich Gott ganz plötzlich und unverhofft im Leben von Mariamante bemerkbar machte: Sie befand sich in einer Kirche und betete vor einer Marienstatue. Da sah sie plötzlich den Herrn! «Sein Antlitz war von großer Schönheit...» In diesem Dezembermonat 1986 hat sie zweimal diese Erscheinung. Und einmal sieht sie den Herrn tot am Kreuz. In diesem gleichen Monat gerät Mariamante nach der Kommunion in Ekstase. Im Januar 1987 sieht sie die Jungfrau Maria sowie die heilige Katharina von Siena, die heilige Klara von Assisi und die heilige Anna. So wird Mariamante nach dem Beispiel der kleinen Seher von Fatima durch Boten, die den Weg für die großen Visionen ebnen, für ihre Sendung vorbereitet.

Am 8. Februar 1987, zu Beginn des von Papst Johannes Paul II. ausgerufenen Marianischen Jahres, tritt Mariamante in einen Dialog mit der Mutter des Herrn ein. Am 16. Februar richtet sich das Jesuskind an sie. Von da an hat sie bis zum 11. August

2 Es handelt sich um Professor Mark I. Miravalle S.T.D., Professor für Theologie und Mariologie an der Franziskanischen Universität von Steubenville (Ohio, USA).

des gleichen Jahres häufig Erscheinungen, im allgemeinen mehrmals in der Woche.

Jesus und seine Mutter haben eine schlichte Familienmutter als Werkzeug erwählt. Im Laufe der Monate bilden sie Mariamante schrittweise und geduldig heran. Sie vertrauen ihr eine wundervolle Sendung an. Das «Werkzeug» ist gelehrig. Zur gleichen Zeit macht Mariamante eine erstaunliche geistliche Etappe der Entäußerung, der Vertiefung und des Aufstiegs zu strahlenden mystischen und aszetischen Höhen durch. Und während sie dieses außergewöhnliche Abenteuer durchlebt, bei dem das Überirdische die Erde berührt und sich mit Mariamante in einer zugleich brennenden und schmerzenden Liebe vermählt, wird sie, die Erwählte, zur Stütze und zur verhüllten Interpretin einer gewaltigen zukünftigen Schar von Müttern. Einer Schar, die sich bereits konstituiert und deren Mitglieder sich im Laufe der Jahre wie Rosen im Frühling auf der ganzen Welt vervielfachen werden. Denn das hat Maria verheißen…

Die Erziehung einer Mutter

Großes, Entscheidendes steht auf dem Spiel: Es geht um eine «Generalmobilisierung» freiwilliger Mütter für die entscheidenden Kämpfe, die sich gegen die Mächte der Finsternis anbahnen. Hierzu gründet der Herr mit Hilfe seiner Mutter einen richtigen Laienorden, bestehend aus Familienmüttern!

Indem sich die Mütter frei und mit einer tiefen Freude in diesem Apostolat engagieren, werden sie in keiner Weise an ihren vielfältigen täglichen Aufgaben gehindert. Im Gegenteil: Der Herr bittet sie darum, ihre häuslichen Arbeiten ganz einfach auf möglichst vollkommene Weise zu erfüllen und alles, besonders aber die unangenehmen Aufgaben, mit ganzer Liebe zu tun. Die Familien, die Kirche und die Welt werden auf zweierlei Weise daran gewinnen: Die Familien werden auf vollkommene Weise betreut sein — sie werden, angefangen bei den Müttern, noch glücklicher werden — und Kirche und Welt wird die großartige Teilnahme an dieser wundervollen Schar von Müttern, die in der Entscheidungsschlacht gegen den «Herrscher dieser Welt» stehen, zum Segen gereichen. Die großen Schlachten für das Reich Gottes werden nicht mit Kanonenschüssen und gepanzerten Divisionen geführt. Die Menschheitsgeschichte ist ganz augenscheinlich an einen Punkt gekommen, wo die das Universum begründende Kraft, die Liebe — Ausfluß Gottes, der selber Liebe ist — dabei ist, den letzten Kampf gegen Satan und seine verworfenen Scharen zu entfachen. Könnte man sich eine bessere «Lichtschar» gegen den Ansturm vorstellen als Mütter?! Indem sie ihre Mutterschaft in einer aktiven Kontemplation leben, helfen sie Jesus und seiner Mutter, die Engel des Bösen in die höllischen Abgründe zu stürzen.

Daraufhin zielt dieses im glühenden Herzen des Erlösers und im Unbefleckten Herzen Mariens entstandene Vorhaben, das in seiner Art einmalig ist, ab. Die Botschaften, die Mariamante vom 8. Februar bis zum 11. August 1987 anvertraut wurden, geben Details über dieses Vorhaben und erziehen zugleich auf beispielhafte Weise diese erste Mutter, die sich im apokalyptischen Kampf engagiert.

Dieses Buch enthält alle Botschaften. Sie richten sich nicht nur an Mariamante. Möge jede Mutter, die mit ihnen in Berührung kommt, sie mit ganzem Herzen aufnehmen, so als ob sie an sie persönlich adressiert wären! Denn das sind sie in der Tat. Jeder Mensch, ob Mann oder kinderlose Frau, der diese Botschaften liest, möge sich über sie freuen und sich von ihnen inspirieren lassen zu dem gleichen Kampf — in welchem Stand auch immer er oder sie sich befindet und unter den Umständen, unter denen er oder sie lebt.

Die Botschaften sprechen für sich. Sie bedürfen keiner Kommentare. Trotzdem ist es angebracht, einige Aspekte ihrer inneren Dynamik hervorzuheben und einige Ratschläge zu geben, die den Umgang mit ihnen betreffen. Es geht um eine beschleunigte Erziehung. Jede Erziehung ist ein Weg, ein Hand-in-Hand-Gehen, und ein pochendes Herz. Hier wird die Mutter von der einen Seite durch den Guten Hirten an die Hand genommen und von der anderen durch Maria, die geliebte Mutter. Es ist ein liebevoller Weg, der Weg dreier Herzen, die glühen...

Und zuerst einige Ratschläge

1. Lesen Sie diese Botschaften zunächst in einem einzigen Zug, um eine Gesamtübersicht zu haben. Nehmen Sie sich dann eine Botschaft nach der andern langsam und mit Ruhe wieder vor. Verinnerlichen Sie sie und nehmen Sie sie so auf, als wären sie von Jesus und Maria an Sie persönlich adressiert. Der Inhalt dieser Botschaften will gestalten und umwandeln. Er ist Pädagogik und Umwandlung, göttliche Erziehung und mütterlicher Beistand. All das ist eingetaucht in das blendende Feuer der Liebe.

2. Verbringen Sie lange Wochen mit diesen Botschaften, nehmen Sie sich dann in Ruhe eine nach der anderen vor. Nehmen Sie sich viel Zeit. Diese Worte des Himmels werden — wie bei Mariamante — nur langsam Fleisch und Blut in Ihnen. Wenn sie durch Ihren Blick und Ihr Herz gesammelt werden, verwandeln sie sich durch diese liebevolle Aufnahme in göttliche Substanz. Durch Jesus werden Sie allmählich Maria gleichförmig werden. Und die Mutter des Herrn wird Ihnen das unauslöschliche Bild ihres göttlichen Sohnes einprägen.

Es handelt sich um eine langsame geistliche Umwandlung. Wie im physischen Leben verläuft auch dieser Prozeß organisch. Er entfaltet sich sachte und allmählich, gemessenen Schrittes — so wie die beiden Zellen, die sich in Ihrem Schoß vereinigt haben und die, ausgehend von einer neuen Zelle, die sich wiederum in zwei teilt, von Teilung zu Teilung im Laufe von neun Monaten Ihr Kind entstehen lassen.

Sie haben den brennenden Wunsch, sich im Apostolat der heiligen Mutterschaft zu engagieren. Durch diese Botschaften wird dieser Wunsch unablässig wachsen und zugleich Ihre Mutterschaft auf sehr entschiedene Weise in die Ordnung der Heiligkeit erheben. Während neun Monaten wurde Ihr Kind in Ihrem Schoß herangebildet. Im Laufe von neun Monaten kann

Ihre Mutterschaft so sehr verwandelt werden, daß Ihr eigenes Leben sowie das Ihrer Kinder und Ihres Mannes wie neugeboren strahlen werden; nicht durch Ihre eigene Kraft, sondern durch die Gnade Dessen, der «alles neu macht» (Off 21,5) und mit dem Sie durch das Apostolat der heiligen Mutterschaft mit einem sehr starken Band der Liebe und eines ganz spezifischen Elans in der Mitwirkung am Heil der bedrohten Menschheit verbunden sind.

3. Das Apostolat der heiligen Mutterschaft ist keine strukturierte Bewegung mit Verantwortlichen, einem Sekretariat, einer Organisation. Der Herr und seine Mutter rufen eine jede persönlich. Jede Mutter, die diesen Anruf in der Tiefe ihres Herzens verspürt, gehört zu diesem Apostolat.

4. Dennoch ist es gut, daß sich die Mütter treffen, um gemeinsam zu beten, von ihren Erfahrungen zu sprechen und sich gegenseitig zu ermutigen. «Einer richte den anderen auf» (1Thess 5,11).

5. Es ist wünschenswert, daß der Schritt zum persönlichen Engagement im Apostolat der heiligen Mutterschaft feierlich im Verlaufe einer besonderen liturgischen Feier gestaltet wird. Wunderbar wäre es, wenn dieser Ritus im Verlaufe einer Eucharistiefeier stattfinden könnte. In diesem Buch finden Sie den Vorschlag für einen solchen Ritus (siehe Seite 202), oder Sie stellen sich selber einen Text zusammen.

6. Wenn Sie keinen Priester finden, der die Eucharistie und diesen liturgischen Ritus feiert, können Sie Ihr Versprechen auch sehr gut allein oder inmitten Ihrer Familie in der Gegenwart von Jesus und Maria ablegen. Sie können es zu Hause oder in einer Kirche vor dem Tabernakel tun. Die Feierlichkeit des liturgischen Ritus ist ein wesentliches Element bei der Ablegung des Versprechens; sie ist jedoch nicht unabdingbar. Das eigentlich Wesentliche ist das, was in Ihrem Herzen geschieht: Das wache Bewußtsein zu haben, daß Sie von nun an dem Dienst der größeren Ehre Gottes geweiht sind, daß Sie der Jungfrau Maria geweiht sind und daß Sie ein kontemplatives, im Herzen Gottes versenktes Leben führen und zugleich wie gewohnt

fang des Sakramentes der Versöhnung und der Buße und die häufige Kommunion.» Die Eucharistie nennt der Herr «das heiligste Sakrament der Liebe» (22. Juni 1987).

Dies sind also die vier Säulen, auf denen das ganze Gebäude des Apostolates der heiligen Mutterschaft ruht: zwei fundamentale Tugenden: Demut und Gehorsam und zwei Sakramente der innigen Vereinigung mit dem Herrn: die Eucharistie, die uns «christusförmig» macht, und das Sakrament der Versöhnung, die diese, durch die Sünde zerbrochene innige Vereinigung wiederherstellt.

Gründen Sie Ihr Apostolat der heiligen Mutterschaft solide auf diese vier Säulen, indem Sie Ihrem Geist immer die Bedeutung dieses Gebäudes vor Augen halten. Jesus selbst hat sie am 24. Februar 1987 wie folgt umrissen: «Meine Mutter wünscht, weiterhin zu dir zu sprechen. Höre aufmerksam auf alles, was sie dir sagt. Ich habe ihr die Sendung gegeben, an der von mir gewirkten Erlösung der Welt mitzuarbeiten. Sie wird eine große Anzahl ihrer treuen Anhänger für die Erfüllung dieser bewundernswerten Aufgabe einsetzen. Ihr sollt bereit sein, euch selber ganz hinzuschenken, vor allem jetzt, in einem so entscheidenden Moment.»

Das ist also das Ziel, das Sie mit Ihrem Versprechen anvisieren; ein wirklich wundervolles Ziel: Sie sind als «treue Anhängerin» Mariens dazu berufen, mit ihr an der durch Christus gewirkten Erlösung der Welt mitzuarbeiten. Kennen Sie ein Ziel, das größer, erhabener, wunderbarer oder auch umwälzender wäre als das Ziel, Maria in ihrer Eigenschaft der Miterlöserin zu helfen? An Marias Seite am Heil der Welt teilzuhaben, das Heil, an dem der Herr seit seinem Kreuzestod wirkt. Vergleichen Sie dieses Ziel mit all den anderen, die Sie sich bis jetzt in Ihrem Leben gesteckt haben. Wird Ihr Entschluß, sich dem Apostolat der heiligen Mutterschaft zu weihen, dadurch nicht gestärkt?

★ ★ ★

Liebe Mutter, schließen Sie sich dem Apostolat der heiligen Mutterschaft, zu dem Sie der Herr und seine heilige Mutter so inständig einladen, an. Sie werden vor Freude überströmen und von Gnaden überflutet werden.

Beginnen Sie unverzüglich mit der Meditation der Botschaften, die sich durch die Vermittlung von Mariamante an Sie persönlich richten. Damit werden Sie für mehrere Monate wirklich geistliche Exerzitien verbringen. Monate, die erfüllt sind von wundervollen marianischen Übungen — unter der Leitung des Herrn.

Und bewahren Sie diesen unerhörten Schatz nicht nur für sich. Maria selbst ruft Ihnen zu: «Verbreite diese Schriften rasch, damit die Weisheit, die aus ihnen spricht, auch anderen eine Hilfe ist. Sei weder furchtsam noch schüchtern. Den Widerhall, den ihr empfangen werdet, verdankt ihr allein mir. Auch wenn es anfangs langsam zu gehen scheint, wird die Bewegung mit der Zeit Aufschwung bekommen und schließlich vielen dazu verhelfen, Gott zu lieben und seinen Willen zu erfüllen» (2. Juli 1987).

Das letzte Wort soll Jesus gehören. Hören wir, wie Er, Gott im Vater und im Heiligen Geist, von derjenigen spricht, die ihn zur Welt gebracht hat: seine geliebte Mutter... «Mit meiner Mutter ist alles ein ewiger Frühling. Ihr werdet sie mehr und mehr entdecken, je weiter ihr voranschreitet. Sie hat in ihrem Herzen ein wahres Paradies für euch geschaffen. Geht zu ihr, wenn sie euch ruft... Sie wird euch immer zu mir führen... Wenn eine Seele mit meiner Mutter vereinigt ist und sicheren Schutz in ihrem Herzen findet, kann ich ihr nichts verweigern, da sie mir so wohlgefällig ist... Sie ist die Pforte des Himmels, durch die ich zu euch gekommen bin und durch die ihr zu mir kommen sollt» (13. März 1987).

René Lejeune

Einführung

I. Hintergrund

Auf die Bitte von Fr. Michael Scanlan, T.O.R., dem Rektor der Franziskanischen Universität von Steubenville hin habe ich mich daran begeben, eine Voruntersuchung über eine Reihe von noch unbestätigten Visionen vorzunehmen, die auf dem Kontinentalgebiet der Vereinigten Staaten stattgefunden haben. Falls diese sich als authentisch erweisen, werden sie mit Sicherheit einen tiefen, weltweiten Einfluß ausüben in dem, was eine der erhabensten Berufungen betrifft, die eine Frau in ihrem Herzen zu empfinden vermag, nämlich die Berufung zu christlicher Mutterschaft.

Es wurde mir ein Manuskript von etwa achtzig maschinegeschriebenen Seiten überreicht, welche die Botschaften enthalten, die während mancher dieser Visionen mitgeteilt worden sind. Sie fanden in der ersten Hälfte des von Papst Johannes Paul II. verkündeten Marianischen Jahres statt, nämlich von Februar bis August 1987. Fr. Scanlan hat diesen Text von dem derzeitigen Beichtvater und Seelenführer jener Person erhalten, welche von sich sagt, daß sie Visionen empfängt. Letzterer bat darum, daß eine theologische Untersuchung über die Botschaften und die sie begleitenden Ereignisse vorgenommen werde, um zu bekräftigen, daß ihr Inhalt in keiner Weise dem Glauben und der Sittenlehre des kirchlichen Lehramtes widerspricht.

Bei den Visionen handelt es sich hauptsächlich um Erscheinungen Jesu Christi und der Allerseligsten Jungfrau Maria. In den ersten Erscheinungen, wo Jesus sich der Seherein zeigt, läßt er sich in Kindesgestalt erblicken. Dies geschieht in der ausdrücklichen Absicht, die ganze Zärtlichkeit seiner Liebe zu bekunden und eine Erneuerung der Ehrfurcht vor der Würde und dem Wert des Kindes zu erwecken in dieser tragischen Zeit der Abtreibungen, des Mißbrauchs und der Vernachlässigung von Kindern, sowohl in physischer wie auch in spiritueller Hinsicht. Die Seherin beschreibt das Jesuskind als ein ganz kleines Kind von etwa anderthalb bis zweieinhalb Jahren. Es trug eine hellgraue, ins weißliche gehende Tunika und manchmal eine Krone. Nach den Worten der Seherin war die Stimme des Jesuskindes «sanft, aber er sprach mit Autorität, und wenn er etwas sagte, dann tat ich augenblicklich das, was er verlangte, denn seine Worte waren von solch einer Autorität».

Die Allerseligste Jungfrau Maria zeigte sich im allgemeinen mit dem Jesuskind auf dem Arm; für gewöhnlich sprach sie eine Botschaft aus, die dazu diente, das, was das Jesuskind gesagt hatte, vorzubereiten, abzuschließen oder ganz einfach zu vervollständigen. Die Allerseligste Jungfrau erscheint in unterschiedlicher Kleidung, manchmal mit einem weißen Schleier, der vom Haupt bis zu den Schultern reicht, und manchmal mit einer Krone, also so, wie es den traditionellen Abbildungen der Gottesmutter entspricht, unter den Zügen Unserer Lieben Frau vom Berge Karmel oder der Schmerzensmutter.

In den späteren Visionen zeigten sich der Herr und die Allerseligste Jungfrau häufiger unter dem Bilde des Heiligsten Herzens Jesu und des Unbefleckten Herzens Mariä. Die Seherin weist darauf hin, daß auch dann, wenn der Herr ihr als Erwachsener unter dem Bilde des Heiligsten Herzens erschien, er sich mit nicht geringerer Sanftmut zeigte: «Selbst wenn er Ermahnungen aussprach, geschah es mit sehr großer Sanftmut.»

Die Visionen vom 8. Februar bis zum 11. August 1987 enthalten jene Botschaften, die sowohl den Inhalt dieses Buches als auch den der geistlichen Bewegung bilden, die unter dem

Namen «Apostolat der heiligen Mutterschaft in den katholischen Familien» entstehen sollte; wir werden noch im einzelnen darauf zu sprechen kommen. Einige vorbereitende Visionen gingen ihnen voraus, sie fanden gegen Ende des Jahres 1986 und zu Beginn des Jahres 1987 statt; sie zeigen unseren Herrn in seiner Herrlichkeit und in seinem Leiden; auch die Gottesmutter erscheint und zeigt ihr Unbeflecktes Herz; verschiedene heilige Frauen werden in den Visionen geschaut, Frauen, die sich durch ihre große Reinheit auszeichnen: die heilige Katharina von Siena, die heilige Anna und die heilige Klara von Assisi. Wenn auch die Seherin nach dem Zeitraum von Februar bis August 1987 noch andere Visionen empfangen hat, so ist sie doch der Überzeugung, daß nur jene Botschaften, die in diesem Zeitraum von ungefähr sieben Monaten gegeben worden sind, die wesentlichen Botschaften enthalten, die der Herr und die Gottesmutter kundzutun wünschten, damit die geistliche und im Verborgen wirkende Bewegung des «Apostolates der heiligen Mutterschaft in den katholischen Familien» ihren Anfang nehmen kann.

II. Die Seherin: Mariamante

Die Empfängerin dieser Visionen und Botschaften, deren Ziel es ist, die Berufung zu heiliger Mutterschaft wiederherzustellen und zu heiligen, ist, wie es keine glücklichere Wahl hätte geben können, eine Mutter, eine junge Mutter um Mitte Dreißig mit drei Kindern von sieben und drei Jahren und von einem Jahr; dies war ihr Alter, als die Visionen stattgefunden hatten. Es ist nicht ohne Bedeutung für das Wesen dieser Botschaften, daß die Seherin eine junge Mutter ist, denn als diese ihr Erstaunen darüber äußerte, daß sie in diesen Botschaften eine Antwort auf so viele ihrer Fragen und persönlichen Schwierigkeiten gefunden hatte, erklärte ihr die Gottesmutter: «Es geschieht, weil ich mich durch dich und die Erfahrungen deines täglichen Lebens auch an andere Familienmütter zu wenden wünsche.»

Damit die Seherin als Mutter von kleinen Kindern weiterhin ungehindert ihren familiären Verpflichtungen nachgehen kann, gab die Gottesmutter ihr die Zusicherung, daß ihre persönliche Identität in der Verborgenheit bleiben würde. Alle nämlich, die aus Erfahrung wissen, welch schweres Kreuz jenen auserwählten Seelen auferlegt wird, vermögen ohne weiteres zu verstehen, wie wohlbegründet diese Anordnung ist, um es einer jungen Mutter zu ersparen, im Rampenlicht der Öffentlichkeit zu stehen, und dies um so mehr, als der Gegenstand der Offenbarungen gerade dies zur Absicht hat, die Heiligung der Mutterschaft und der christlichen Familie «von innen her» ihren Anfang nehmen zu lassen. Dies ist der Grund, warum wir diese Familienmutter, die Seherin, wenn wir sie im Text erwähnen, unter dem Namen «Mariamante» in Erscheinung treten lassen, der im Lateinischen «die Maria Liebende» bezeichnet.

Ein langes Gespräch mit Mariamante hat bei ihr zu Hause stattgefunden, wodurch wertvolle Informationen über die Grundlagen ihrer religiösen Erziehung gegeben worden sind. Sie hat kaum etwas an theologischer oder religiöser Erziehung und Ausbildung erhalten. Sie wurde in eine katholische Familie hineingeboren, in welcher die religiöse Praxis und der diesbezügliche Eifer recht mittelmäßig waren und sich im wesentlichen auf die Teilnahme an der Sonntagsmesse beschränkten. Die Seherin hat in ihrer Kindheit keine katholischen Schulen besucht, und sie hat keinerlei religiösen Unterricht erhalten, der über das Wesentliche dessen hinausgeht, was im Kleinen Katechismus steht.[3] Die einzige solide religiöse Belehrung und Formung, die Mariamante erhalten hat, wurde ihr während des kurzen Noviziates gegeben, das ihrem Eintritt in den Dritten Orden der Franziskaner vorausging, welcher für Laien bestimmt ist; aber auch hier kann nicht von einer systematischen theologischen Ausbildung gesprochen werden; und noch weniger war diese geeignet, die theologische und pastorale Tiefe der empfangenen Botschaften wirklich zu erfassen. Es muß auch darauf hingewiesen werden, daß der Seelenführer Mariamantes die Weisheit besaß, ihr seit dem Beginn der hier zur Sprache kom-

3 Das entspricht etwa dem, was bei uns im Unterricht der Grundschule gelehrt wird.

menden Visionen jegliche Lektüre zu untersagen, die sich mit zeitgenössischen oder früheren privaten Offenbarungen befaßt, ebenso wie auch irgendwelche klassischen Werke über die Mystik, und zwar einzig und allein aus der Sorge heraus, die Integrität und Unverfälschtheit in der Weitergabe der Botschaften zu schützen, von denen jeder Einfluß des persönlichen spirituellen Lebens ferngehalten werden sollte.

Während unseres Gespräches zeigte Mariamante sich im allgemeinen sehr ruhig, wobei sie verständlicherweise ganz auf das behandelte Thema konzentriert war. Sie wurde dabei mehrmals von ihren Kindern unterbrochen, aber, wie es ihrer Art entspricht, die auch in dieser Schrift zum Ausdruck kommt, entschuldigte sie sich geduldig, um die Bedürfnisse ihrer Kinder zu erfüllen, und lenkte dann erneut ihre ganze Aufmerksamkeit auf unser Gespräch, wobei sie sich bemühte, mit größtmöglicher Genauigkeit und Präzision auf die vielfältigen und nicht endenwollenden gestellten Fragen zu antworten. Von außen her gesehen, scheint sich das Familienleben Mariamantes in nichts von dem jeder anderen christlichen Frau und Mutter zu unterscheiden; es ist aber auch ein tief von Liebe und Demut durchdrungenes Leben, wie es bei all den kleinen Pflichten ihres täglichen Lebens zum Ausdruck kommt, die sie für Gott und aus Liebe zu ihm erfüllt.

III. Die Botschaft: Das Apostolat der heiligen Mutterschaft in den katholischen Familien

Vom ersten Augenblick an, seit die Botschaften während der Visionen übermittelt wurden, gab die Gottesmutter Mariamante die Anweisung, sie «schriftlich festzuhalten». Als Mariamante fragte: «Sofort?», antwortete die Gottesmutter: «Ja, sofort.» Die Botschaften wurden Wort für Wort aufgeschrieben, und nach einiger Zeit wies die Gottesmutter Mariamante an, sich dafür der Stenographie zu bedienen (die sie bereits vorher erlernt hatte). Daraus folgt, daß die Botschaften keineswegs eine Zusammenfassung oder ausschmückende Überarbeitung der

Worte Jesu und Mariens darstellen, sondern die wörtliche Wiedergabe der Botschaften, so wie sie mitgeteilt worden sind.

Das Wesentliche dieser Botschaften und das Ziel, das diesen Visionen zugrunde liegt, wurde am 25. März 1987, dem Feste Mariä Verkündigung, offenbart. Hier wird die erhabene Mutterschaft der Allerseligsten Jungfrau Maria enthüllt, wie sie sich zeigt in ihrer eigenen mütterlichen Hingabe, indem sie ihre menschliche Natur dem fleischgewordenen Wort zur Verfügung stellte. Und ist dieses liturgische Fest nicht in ganz besonderer Weise geeignet, von einem Apostolat heiliger Mutterschaft zu sprechen als einer geistlichen Bewegung, die alle katholischen Familien «von allen vier Enden der Erde» zusammenfassen soll? Der nun folgende Text ist ein Auszug vom Beginn der Vision des Jesuskindes und der Gottesmutter vom 25. März und gibt die Botschaft wieder, die das Jesuskind verkündete:

«Du mußt genau und mit allen Einzelheiten die Punkte aufschreiben, die nun dargelegt werden, denn sie werden als Grundlage des Apostolates der Mutterschaft dienen, wovon wir bereits gesprochen haben, es soll den Namen meiner Mutter tragen, der Königin des Himmels und der Erde, der Mutter Gottes, und es soll den Titel tragen: *Apostolat heiliger Mutterschaft in den katholischen Familien.* Der Heilige Vater wird dieses Apostolat gutheißen, und es wird unter den Familien meiner Kirche an allen vier Enden der Erde verbreitet werden. Dadurch wird viel Gutes bewirkt, und es wird eine große Hilfe sein, um die Flut des Bösen einzudämmen, wodurch heute so viele Familien verwüstet werden.»

Im weiteren Verlauf der Vision wurden drei wesentliche Grundsätze benannt, an welche die Mitglieder des Apostolates heiliger Mutterschaft gehalten sind. Der Kommentar zu diesen drei wesentlichen Grundsätzen wird uns im Rahmen einer allgemeinen Zusammenfassung der Botschaft und der Bewegung der heiligen Mutterschaft gegeben, die Mariamante im Gehorsam gegenüber ihrem Seelenführer niederschrieb, und zwar zu seinem eigenen besseren Verstehen dieser Dinge.[4]

Der folgende Text wird diese Zusammenfassung in ihrer ursprünglichen Form wiedergeben.

Das Wesentliche der Bewegung und die hauptsächlichen Punkte des Apostolates heiliger Mutterschaft:

— Ein Apostolat von Müttern, die zur Ehre Gottes der Gottesmutter geweiht sind
— Die Suche nach dem Willen Gottes in ihrem Leben
— Das kontemplative Gebet
— Die Ausübung der dem Evangelium entsprechenden Reinheit
— Die Verehrung Christi als Kind, Ehrfurcht und Achtung vor dem Kind
— Die Verehrung der Heiligen Familie, Weitergabe des Glaubens an die Kinder
— Das tägliche Beten des freudenreichen, schmerzhaften und glorreichen Rosenkranzes
— Das Tragen des Skapuliers und einer Medaille des Heiligsten Herzens Jesu
— Ein intensives sakramentales Leben, häufige Beichte und Kommunion
— Die Verehrung des Heiligsten Herzens Jesus und des Unbefleckten Herzens Marias
— Die Beobachtung von neun ersten Freitagen und fünf ersten Samstagen des Monats
— Eifer in der Erfüllung der täglichen Pflichten
— Treue gegenüber dem Heiligen Vater, der Institution und dem Lehramt der Kirche
— Gewissenhafte Befolgung der Sittenlehre der Kirche
— Gebet für die Reinheit in der Welt

4 Während unseres Gespräches wies Mariamante darauf hin, daß es ihr schwerfiel, eine Beschreibung der Visionen oder irgendeine Erklärung dazu zu geben; sie tat es nur auf Anweisung ihres Seelenführers hin, im Namen des heiligen Gehorsams. Dann scheinen ihre Worte wie aus einer Quelle hervorzusprudeln, und sie ist in der Lage, sich an den Inhalt und an Einzelheiten zu erinnern und sie aufzuschreiben, was in gewisser Weise einer Inspiration zuzuschreiben ist. Dies ist der Kontext, in welchem die Zusammenfassung der Botschaft und das Wesentliche von der Bewegung der heiligen Mutterschaft redigiert wurde.

— Gebet um Milderung des Leidens unschuldiger Kinder in der Welt
— Gebet für die Priester

Ein Apostolat von Müttern, die dazu berufen sind, Gott zu verherrlichen und in ihrem Leben den Willen Gottes zu suchen; von Müttern, die sich der Gottesmutter geweiht haben und das kontemplative Gebet pflegen in der Treue gegenüber ihren täglichen Pflichten und die auf diese Weise eine beispielhafte Form heiligmäßigen Lebens verwirklichen.

Das Herz der Bewegung

Entsprechend der drei Grundrichtlinien des Apostolates heiliger Mutterschaft (so wie sie am 25. März 1987 während der Erscheinung des Jesuskindes und der Gottesmutter verkündet wurden), gehen die Mitglieder folgende Verpflichtungen ein:

1) «... sie weihen ihre ganze Zeit, all ihre Kräfte, alles, was sie haben, und sich selbst ganz und gar einem Dienst, der die größere Ehre Gottes zum Ziel hat, und sie bemühen sich, den Willen Gottes in ihrem Leben zu erkennen und zu befolgen.»
2) «... sie sollen meiner Allerheiligsten Mutter unter dem Titel "Gottesmutter" geweiht sein.»
3) «... sie sollen in beispielhafter Weise ihre täglichen Pflichten als Mütter und Ehefrauen erfüllen und inmitten ihrer Familien ein kontemplatives Leben führen...»

Dies ist ein Weg zur Vollkommenheit für jene, die die erhabene Berufung zur Mutterschaft empfangen haben.

Gott wünscht, daß der erhabenen Berufung zur Mutterschaft hohe Ehre erwiesen werde, wie diese ja bereits geehrt wurde, als Jesus Christus, die zweite Person der Gottheit, seine Wohnstatt im Schoße der Allerseligsten Jungfrau Maria und inmitten der Heiligen Familie erwählte. Damit wird auch die Würde des Kindes hervorgehoben. Es ist der Wunsch Gottes, daß heute, in diesem Augenblick der Geschichte, diese Wertschätzung der Mutterschaft erkannt, verstanden und aus ganzem Herzen bejaht werde.

Gott ist allmächtig, und er wünscht mit seiner Gnade diejenigen umzuwandeln, die er zu dieser Bewegung des Apostolates heiliger Mutterschaft beruft. Gott wünscht, daß sie durch ein komtemplatives Gebet in ihrer Familie, bei sich zu Hause, zu einer hohen Stufe der Heiligkeit gelangen. So werden sie mehr und mehr zur Ähnlichkeit mit seiner Allerheiligsten Mutter umgeformt, und zwar durch die Nachahmung ihrer Tugenden und die Aufnahme der Gaben des Heiligen Geistes, sowie durch die Weihe an sie, indem sie sie unter dem Titel der «Gottesmutter» ehren.

Damit die auf diese Weise geweihten Seelen dieses Ziel zu erreichen vermögen, wird Gott in Fülle seine Gnaden über sie ausgießen und ihnen reichen Anteil gewähren an seinem Heiligen Geist. Außerordentliche Gnaden werden den Mitgliedern dieses Apostolates verheißen.

Die Botschaften behandeln alle wesentlichen Aspekte des inneren Lebens. Sie sind sozusagen ein Katechismus für das geistliche Leben, ein spiritueller Weg, der mit jeglicher Lebensform vereinbar ist, also auch der Mutterschaft, dieser allumfassenden Berufung (welcher jeder Mensch sein Leben verdankt). Ein besonderer Akzent wird auf die Tugend der Reinheit gelegt; die Gottesmutter spricht von ihr im Sinne einer «dem Evangelium entsprechenden Reinheit», wie sie gerade heute so notwendig ist. Indem diese Bewegung die Tugenden der Allerseligsten Jungfrau hervorhebt und indem sie sie durch die Gnade den Mitgliedern dieses Apostolates weitergibt, ist sie dazu bestimmt, eine wichtige Rolle im Triumph ihres Unbefleckten Herzens zu übernehmen, wie es in Fatima verkündet worden ist. So wird diese Bewegung einen Beitrag dazu leisten, wenn Gott das Angesicht der Erde erneuert. Sie ist mehr im Sinne einer geistlichen Bewegung als in dem einer Organisation zu verstehen. Die Botschaften werden diejenigen inspirieren, die der Herr und die Allerseligste Jungfrau dazu erwählen; sie werden ihnen helfen, ihr Herz zu öffnen, um die außerordentlichen Gnaden in Empfang zu nehmen, die zur Erfüllung ihres göttlichen Planes erforderlich sind.

Eine der schönsten Früchte dieser Bewegung wird darin bestehen, daß die den Kindern geschuldete Wertschätzung eine Erneuerung erfährt, da ja in ihnen Christus lebt. Sie wird besonders durch eine Verehrung des Kindes Jesus erreicht. Die Heilige Familie soll das Vorbild dieser Familien sein. Die durch die Mitglieder dieses Apostolates erworbenen Gnaden werden es ermöglichen, die Leiden unschuldiger Kinder überall in der Welt zu lindern. Viele von ihnen leiden heute unter geistlicher Vernachlässigung, und zwar ebenso sehr wie diejenigen, die körperlich vernachlässigt werden. In der hochtechnisierten Welt, in der sie leben, sind diese Kinder im geistlichen Leben unterentwickelt, und zwar wegen des Materialismus der Eltern und ihrer Gleichgültigkeit in allem, was das spirituelle Leben betrifft. Die schwerwiegendste Vernachlässigung besteht darin, den Kindern das ewige Leben mit Gott im Himmel vorzuenthalten. Gott liebt in seiner Güte jedes dieser kostbaren Kinder, und er wünscht, daß sie von ihren Eltern wie kostbare Edelsteine geliebt werden, die sie ja auch wirklich sind.

Gott wird die von den Mitgliedern dieser Bewegung gewonnenen Gnaden nicht nur ihren eigenen Familien zukommen lassen, sondern auch vielen anderen, auf die er sie auszugießen wünscht.

Besonderer Wert wird auf die eucharistische Anbetung gelegt, sowie auf den häufigen Empfang des Bußsakramentes und der heiligen Kommunion, wie auch das tägliche Rezitieren des freudenreichen, schmerzhaften und glorreichen Rosenkranzes. Die Verehrung des Heiligsten Herzens Jesu und des Unbefleckten Herzens Mariä sind die bevorzugten Mittel, um das kontemplative Leben zu nähren.

Ganz besonders sind die Botschaften des Heiligsten Herzens und viele der Worte des Kindes Jesus geeignet, als Grundlage für die Meditation und das kontemplative Gebet zu dienen.

Die Familienmütter und Mitglieder der Bewegung sind dazu berufen, mitzuwirken, daß das Unbefleckte Herz Mariens zum

Triumph gelange. Eine solche Bewegung von Müttern, die sich ganz der Nachahmung der Allerseligsten Jungfrau hingegeben haben, ist heute notwendig, um «die Flut des Bösen einzudämmen», die sich über die Welt ergossen hat, und um die Heiligkeit erblühen zu lassen. Diese Mütter werden dazu berufen sein, sich mit einmütigem Einsatz um die Allerseligste Jungfrau zu scharen, um die Familie und die Welt zu heiligen und die Kinder zur Heiligkeit zu erziehen.

Besonderer Wert wird auf die Beobachtung der ersten neun Freitage und der ersten fünf Samstage gelegt; dies ist ein hervorragendes Mittel zur Wiedergutmachung der Sünden und zur Ausrottung des Bösen in der heutigen Welt. Sehr empfohlen wird auch das tägliche Rezitieren des dreifachen Rosenkranzes, der Empfang der Sakramente und das Tragen des Skapuliers und einer Medaille des Heiligsten Herzens Jesu.

Die in diesen Botschaften verkündeten Wahrheiten, sowie die hierin vorgeschlagene geistliche Ausrichtung stimmen in allem vollständig mit der Lehre der heiligen katholischen Kirche überein. Das, was hier gelehrt wird, ist aber nicht nur für Familienmütter bestimmt, sondern alle, die sich aufrichtig um eine Vertiefung ihres inneren Lebens bemühen, können sie sich zu eigen machen, denn sie sind ein Weg zur Vollkommenheit und zu einem Leben der Heiligkeit. Manche der Botschaften sind nämlich unmittelbar an Priester gerichtet, und es wird auch verlangt, daß für die Priester gebetet wird.

Bei diesem Weg des Suchens nach dem Willen Gottes im eigenen Leben und der Ausübung der Tugenden handelt es sich darum, ein intensives Gebetsleben mit der treuen Erfüllung der täglichen Pflichten zu verbinden; und so werden nicht nur die einzelnen und die Familien geheiligt, sondern die ganze Welt.

Mögen die Herzen dieser Mütter, die zu diesem verborgenen Werk des Apostolates berufen sind, wie Gärten sein, die unser Herr betreten kann, um dort zu ruhen, so wie er hier auf Erden sein Heiligstes Herz am Herzen seiner Mutter Maria ruhen lassen konnte.

Gelobt sei Jesus Christus jetzt und immerdar. Amen.

★ ★ ★

In dieser Zusammenfassung der Botschaft und der Bewegung, wie sie von Mariamante aufgezeichnet worden ist, stellen wir als erstes fest, daß das Apostolat, das daraus erwachsen soll, nicht als eine Art Organisation zu verstehen ist, sondern vielmehr als eine in der Stille sich vollziehende Bewegung der Heiligung der Familien, die dadurch Gestalt gewinnt, daß diese Familienmütter die Botschaft in Demut und Selbsthingabe verwirklichen.

Noch einmal: Die Grundlage der Botschaft der heiligen Mutterschaft beruht auf den drei wesentlichen Prinzipien, wie sie von Mariamante ausgesprochen worden sind. Um das zweite Prinzip: «Sie sollen meiner allerreinsten Mutter, die sie unter dem Titel "Gottesmutter" verehren, geweiht sein», in die Tat umzusetzen, findet sich in diesem Buch anschließend an die Botschaften ein Gebet der Weihe an die Gottesmutter; Mariamante hat es als eine Inspiration erhalten, wobei es sich um so etwas wie eine kurze innere Ansprache handelte und nicht nur um eine gewöhnliche Seelenregung. Wenn diesem Weihegebet auch der Vorzug gegeben werden sollte, weil es besonders auf die Anliegen dieses Apostolates ausgerichtet ist, so entspricht doch auch jede andere legitime Form der Weihe an Maria, bei der der Titel "Gottesmutter" gebraucht wird, an sich den geforderten Bedingungen für die Anwendung des zweiten grundlegenden Prinzipes.

In theologischer Hinsicht entspricht die Botschaft sowohl allen Erfordernissen strenger Rechtgläubigkeit wie auch einer vollkommenen Unterwerfung unter das Lehramt der Kirche und ihrer Autorität. In der Botschaft vom 24. Juni 1987 spricht die Allerseligste Jungfrau vom Heiligen Vater als der «krönenden Zierde meiner Bewegung. Ich liebe den Papst sehr, und an ihn müßt ihr euch wenden in allem, was euer Verhalten in Angelegenheiten des Glaubens und der Sittenlehre betrifft. Bewahrt ihm unerschütterliche Treue, denn er ist der wahre Stellvertreter meines Sohnes auf Erden.»

Der theologische Wert der Botschaft ist von namhaften katholischen Theologen, an deren Rechtgläubigkeit nicht der geringste Zweifel besteht, bestätigt worden; ihre Stellungnahme findet sich auf den ersten Seiten des Buches. Sie wurde außerdem durch das Nihil Obstat und das Imprimatur bekräftigt; diese sind dem Buche gegeben worden in Übereinstimmung mit dem, was ausdrücklich in der Botschaft verlangt worden war.

Als Abschluß der Analyse können wir sagen, daß die wesentlichen Kriterien einer authentischen privaten Offenbarung in dem «Apostolat heiliger Mutterschaft in den katholischen Familien» tatsächlich gegeben zu sein scheinen.

Was die Einführung dieses Apostolates betrifft, so können wir uns die gleiche Frage stellen, die auch Mariamante gestellt hat, als die übernatürlichen Geschehnisse in ihr Leben einzutreten begannen: «Wie kann ich wissen, ob das von dir kommt, Mutter?» Die Antwort der Gottesmutter ist ebenso einfach wie sublim, wie auch so viele andere Stellen dieser Botschaft und dieses Apostolates. Sie verweist uns auf das erste und letzte Kriterium für eine authentische private Offenbarung: «An der Wahrheit dessen, was in den Botschaften enthalten ist, wirst du erkennen, daß es von mir kommt.»

Dieses Werk sei auch dem heiligen Josef anempfohlen. Er ist ja der Patron aller christlichen Familien, und in diesem Text wird er der besondere Patron des Apostolates genannt.

Möge das Apostolat der heiligen Mutterschaft den Weg des heiligen Josef nachahmen. Durch sein Leben des Schweigens und der Verborgenheit, der Demut und der Beharrlichkeit wirkte er alles zur Verherrlichung Gottes und zum Heil der Seelen, richtete er all seine Bemühungen darauf aus, das Ziel des christlichen Lebens zu erreichen, nämlich die Vollkommenheit der Liebe in der Heiligkeit.

Mark Miravalle, S.T.D.,
beigeordneter Professor der Theologie und
Leiter der Marianischen Kommission
für zeitgenössische Erscheinungen
an der Franziskanischen Universität von Steubenville

Einführende Visionen, die die Verkündigung des Apostolates heiliger Mutterschaft vorbereiten[5]

1. Unser Herr als Erwachsener. Sein Antlitz war von großer Schönheit. Er trug sehr weite Gewänder. Ich sah ihn in der katholischen Kirche von…, während ich vor der Statue der Allerseligsten Jungfrau betete. Diese Vision hatte ich mindestens zweimal, und zwar im Dezember 1986. Sie ließ in mir einen tiefen Frieden und eine große Freude zurück.
2. Unser Herr tot am Kreuz. Sein Haupt fiel auf seine Brust herab. Es war ein herzzerreißender Anblick. Ich glaube, das war ebenfalls im Dezember 1986, auch in der katholischen Kirche von…, während ich vor dem Allerheiligsten Altarssakrament betete.
3. Das Antlitz unseres Herrn, als er gestorben war. Seine Gesichtszüge schienen denen des Grabtuches von Turin ähnlich zu sein. Ich hatte nur die Vision seines heiligsten Antlitzes. Sie fand bei mir zu Hause statt, während ich vor der Statue Unserer Lieben Frau von Fatima betete, die von Haus zu Haus getragen wird. Ich glaube, das stand in Zusammen-

5 Mariamante spricht hier von den Visionen, die sie im Dezember 1986, im Januar 1987 und in der ersten Woche des Februars hatte; dadurch wurde sie auf jene anderen Erscheinungen vorbereitet, die sich vom 8. Februar bis zum 11. August 1987 ereigneten, in welchen sie damit beauftragt wurde, das Apostolat der heiligen Mutterschaft bekanntzumachen.

hang mit dem, was der Priester mir gesagt hatte, daß ich nämlich die Danksagung nach der heiligen Messe nicht in der Kirche machen sollte, weil ich danach in diesen Zustand verfiel (von dem ich jetzt weiß, daß es eine Ekstase war). Er konnte natürlich nicht anders handeln, denn die Leute machten sich Sorgen um mich und glaubten, ich sei ohnmächtig geworden, während es in Wirklichkeit daher kam, daß ich gerade zur heiligen Kommunion gegangen war.

4. Mehrere Visionen der Allerseligsten Jungfrau, wie sie ihr Unbeflecktes Herz zeigte. Das war im Januar 1987. Während einer dieser Visionen verstand ich, daß ich den Priester darum bitten müsse, die Gemeinschaft dem Unbefleckten Herzen Mariens zu weihen. Sie fanden bei mir zu Hause statt, während ich vor der gleichen Statue Unserer Lieben Frau von Fatima betete.[6]
5. Ich hatte auch die Vision von mehreren Heiligen, deren Gewänder sich voneinander unterschieden. Nach diesen Visionen hatte ich den Eindruck, daß ich zu manchen Heiligen beten sollte. Manchmal weiß ich sofort, wer die Heiligen sind, die ich sehe. Es kommt aber auch vor, daß ich sie nicht erkenne, aber wenn ich mehrmals die gleiche Vision gehabt habe, dann weiß ich es.

Die folgenden Visionen fanden bei mir zu Hause statt, und zwar im Januar 1987 und in der ersten Hälfte des Februars 1987.

a) Die heilige Katharina von Siena. Sie trug ein mittelalterliches Gewand, einen Schleier und ein weißes Tuch um ihr Gesicht.
b) Die heilige Klara von Assisi, im Ordensgewand; auch sie hatte ein Tuch um ihr Gesicht und so etwas wie einen eng anliegenden Schal um ihren Hals. Sie war von sehr edler Erscheinung, und als ich sie sah, sagte ich mir: «Das muß eine Äbtissin sein.»

---

6 Diese Visionen wurden erst am 18. Februar 1991 aufgezeichnet, obwohl sie schon vorher stattgefunden hatten. Mariamante.

c) Eine ältere Heilige, die ich zu wiederholten Malen sah, und die die gleiche Kleidung trug wie die Allerseligste Jungfrau. Ich glaube, es handelte sich um die heilige Anna, denn ich fühlte mich nachher sehr stark angetrieben, eine Woche lang zu ihr zu beten, ihr auch meine Familie zu weihen und Litaneien zu ihrer Ehre zu beten. Das hatte ich niemals zuvor getan, und ehe ich diese Visionen empfing, hatte ich ihr auch keine besondere Verehrung erwiesen.
d) Ich schaute mich selbst in einer Vision, und ich trug ein Gewand aus einer anderen Epoche, das demjenigen der Allerseligsten Jungfrau ähnlich war. Irgendwie verstand ich den Sinn davon, daß ich nämlich zur Ähnlichkeit mit der Allerseligsten Jungfrau geformt werden sollte.[7] Das wiederholte sich mehrere Male.

Diese vier vorhergehenden Visionen fanden nacheinander statt, die eine folgte unmittelbar auf die andere.

7 Später habe ich verstanden, daß alle Mütter, besonders diejenigen, die zu diesem Apostolat berufen sind, in der Kraft des Heiligen Geistes und durch die Nachahmung ihrer Tugenden lebende Abbilder der Gottesmutter werden sollen.

Die Botschaften

Sonntag, 8. Februar 1987

Dem Evangelium entsprechende Reinheit

Vision der Gottesmutter mit folgender Botschaft und folgendem Gespräch:[8]

Die Gottesmutter: «Besonders die Frauen und die Priester sollen *die dem Evangelium entsprechende Reinheit* leben, ebenso wie auch alle die, welche dazu berufen sind, Bräute Christi zu sein.»[9]

Mariamante: «Wie kann ich wissen, daß es von dir kommt, Mutter?»

Die Gottesmutter: «Du wirst es durch die in den Botschaften enthaltene Wahrheit erkennen.»

Mariamante: «Soll ich mit dem Priester[10] darüber sprechen, und wie wird er darauf reagieren?»

---

8 Als die Vision zu Ende war, mußte ich nach Hause zurückkehren, um sie aus dem Gedächtnis niederzuschreiben. Mariamante.

9 Später kam mir der Gedanke, es sei nicht ohne Grund gewesen, daß ich in der vorhergehenden Woche drei heilige Frauen gesehen hatte, von denen jede ein Vorbild jener Reinheit war, von der sie zu mir gesprochen hatte. Sie repräsentierten außerdem die verschiedenen Lebensstände der Frau: die heilige Katharina von Siena war unverheiratet und gehörte dem Laienstande an; die heilige Klara von Assisi war eine Ordensfrau, und die heilige Anna war verheiratet (vgl. vorbereitende Visionen, Nr. 5). Mariamante.

10 Bei diesem Priester handelt es sich um den Seelenführer von Mariamante. Jedesmal, wenn im Zusammenhang mit Mariamante vom «Priester» die Rede ist, handelt es sich um ihn. Ed.

Die Gottesmutter: «Ja, es kann sein, daß es am Anfang schwierig ist, aber nachher wird er es verstehen. Es muß Reinheit herrschen in den Beziehungen der Menschen untereinander. Es ist nicht notwendig, sich in langen Erörterungen über die Unreinheit in der heutigen Welt zu ergehen, weder in Einzelheiten noch in der Öffentlichkeit.»

Mariamante: An dieser Stelle sprach ich darüber, daß ich beunruhigt war, etwa dem Stolz zu verfallen. Sie antwortete:

Die Gottesmutter: «Mache dir keine Gedanken darüber! Dafür wird Sorge getragen!»

Mariamante: Dann sprach ich darüber, daß ich einige Befürchtungen hegte beim Gedanken, erwählt worden zu sein, eine Botschaft über die Reinheit zu übermitteln, und ich sagte: «Mutter, du bist vom ersten Augenblick deiner Empfängnis an rein gewesen.» Sie antwortete mir:

Die Gottesmutter: «Ja, das ist wahr; aber die Gnaden, die du im Beichtstuhl empfängst, machen dich rein.»

Mariamante: «Aber ich bin nicht würdig, für eine solche Aufgabe erwählt worden zu sein.»

Die Gottesmutter: «Ja, auch das ist wahr, aber du wirst von Jesus würdig gemacht.»

Mariamante: «Willst du mir helfen, mich immer an all das zu erinnern?»

Die Gottesmutter: «Ja, gewiß, aber beginne damit, das alles so bald wie möglich niederzuschreiben.»

Dienstag, 10. Februar 1987

Sein heiliges Antlitz

Vision unseres Herrn in der katholischen Kirche von…, sie war ähnlich wie diejenige vom Dezember, wenn auch sein heiliges Antlitz ernster aussah und mir auch etwas weniger jung zu sein schien, das konnte aber auch auf seinen Gesichtsausdruck zurückzuführen sein.

Mittwoch, 11. Februar 1987
Fest unserer Lieben Frau von Lourdes

Bete um die Reinheit und praktiziere sie

Visionen unserer Lieben Frau und zweier anderer Frauen, von denen ich fühlte, daß es die heilige Bernadette und die heilige Anna waren, mit folgendem Gespräch:

Die Gottesmutter: «Bete um die Reinheit und praktiziere sie. Das Schicksal der Welt hängt jetzt davon ab. Bete zu den Heiligen, die Vorbilder und Beispiele der Reinheit waren. Sie werden dir helfen, und auch ich will es tun.»

Mariamante: «Wie kann ich wissen, daß es von dir kommt und daß ich mich nicht getäuscht habe?»

Die Gottesmutter: «Ich bin von Dem gesandt, der weder täuscht noch getäuscht werden kann. Es ist wichtig, daß du dem Priester all das sagst, was jetzt geschieht. Fürchte dich nicht! Ruhe in meinem Unbefleckten Herzen! Ich werde dich schützen. An der in den Botschaften enthaltenen Wahrheit werdet ihr erkennen, daß es von mir kommt. Im Hinblick auf die Demut sind die Visionen nicht immer klar verständlich. Du wirst sie zu gegebener Zeit verstehen. Für den Augenblick ist dies dein Weg. Das ist alles für jetzt. Sei eine vorbildliche Mutter. Es ist wichtig, eine gute Familienmutter zu sein.»

Donnerstag, 12. Februar 1987

Bete für die Welt

Vision der Gottesmutter:

Die Gottesmutter: «Bete für die Welt und nicht nur für dich selbst.»

Freitag, 13. Februar 1987

Betet jeden Tag einen dreifachen Rosenkranz

Vision der Gottesmutter:

Die Gottesmutter: «Denke oft an das Leiden meines Sohnes. Immer wieder sollst du darüber meditieren. Vereinige dich mit seiner Passion. Das ist euer Weg zum Heil.»

Mariamante: «Mutter, bist du ärgerlich auf mich?»[11]

Die Gottesmutter: «Nein, aber du mußt gelehrig und aufnahmebereit sein. Das ist besser, als so viele Fragen zu stellen. Schreibe das auf.»

Mariamante: «Jetzt gleich?»

Die Gottesmutter: «Ja, jetzt gleich.

Mein Sohn hat so furchtbar für eure Sünden gelitten. Ihr müßt Genugtuung leisten. Vernachlässigt eure Pflichten nicht. Sie sind von großer Bedeutung. *Betet alle Tage den dreifachen Rosenkranz.* Gott wird dadurch sehr geehrt. Schreibe so, daß es gut zu lesen ist. Das ist wichtig. Sage das alles dem Priester.

Der Himmel ist in großer Betrübnis über den so zerrütteten Zustand, in dem die Welt sich in diesem Augenblick befindet. Nur das Gebet und die Buße vermögen hier eine Änderung herbeizuführen. Tragt Sorge um eure Kinder. Sie sind von großer Bedeutung. Sie werden unter der Herrschaft meines Unbefleckten Herzens leben, welche der Herrschaft des Heiligsten Herzens Jesu vorangeht. Sage das dem Priester. Ich will, daß er bald auch anderen darüber Mitteilung macht, aber noch nicht jetzt. Ich werde ihn den Zeitpunkt wissen lassen. Schreibe in Kurzschrift, wenn es notwendig ist. Habe keine Angst. Du hast nichts zu fürchten. Ich liebe dich, und ich werde dich immer beschützen, damit du vor der Öffentlichkeit verborgen bleibst. Der Priester hat es in dieser Hinsicht nicht so gut. Er wird unter seinesgleichen zu leiden haben, und zwar wegen des gegenwärtigen Zustandes der Welt und der Kirche. An andere heiligmäßige Priester ist ein ähnlicher Ruf ergangen. Dies ist der Weg, der beschritten werden muß. Sie sind es, die meinem Sohne am ähnlichsten sind. Ich liebe sie innig, und ich werde sie für immer in meinem Unbefleckten Herzen bewahren.

11 Ich dachte, sie könnte ärgerlich über mich sein, da ich ihr am Tage zuvor so viele Fragen gestellt hatte. Mariamante.

Das ist alles für jetzt. Kümmere dich um dein Kind. Der Himmel freut sich über heiligmäßige Familien.»

Mein Baby unterbrach mich bei den letzten Worten, gerade ehe sie sagte: «Das ist alles...» Als ich kurz danach auf dem Sofa saß, hörte ich die Worte: «Du sollst nur das aufschreiben, was während der Visionen geschieht», aber die Vision war schon beendet.

Samstag, 14. Februar 1987

Die Eucharistie soll angebetet werden

Vision der Gottesmutter, die sehr traurig zu sein schien. Der Schleier, der ihr Antlitz umhüllte, hatte viele Falten. (Das erinnerte mich an die berühmte Piéta.) Sie schien geweint zu haben.

Die Gottesmutter: «Morgen werde ich dich unter der Gestalt dieser wundervollen Darstellung Unserer Lieben Frau von Fatima verlassen; aber habe keine Angst, ich werde mit dir sein. Die Botschaft von Fatima ist von größter Bedeutung für diese Zeit.

Die Demut ist eine wunderbare Tugend. Übe sie. Bete für die Welt. Es ist jetzt dringend. Die Welt geht einer unvorstellbaren Katastrophe entgegen von nie gekanntem Ausmaß, und zwar wegen ihrer Gottlosigkeit und ihrer Unreinheit. Ich bin gekommen, um die Welt vor diesem Schicksal zu bewahren. Gott hat mir diesen Auftrag gegeben. Ihr seid meine Söhne und Töchter. Ich will euch nicht zugrunde gehen sehen. Die Botschaft von Fatima enthält alles, was ihr in dieser Zeit wissen müßt.

Die Eucharistie soll angebetet werden. Bete die Eucharistie an. Das eucharistische Herz Jesu ist das größte Geschenk, das Gott der Menschheit gegeben hat. Leider beachtet man es heute kaum. Das ist sehr schlimm. Mein Sohn hat sein Blut zur Wiedergutmachung eurer Sünden vergossen. Sein eucharistisches Herz im Tabernakel anzubeten, das ist das wenigste, was ihr tun könnt.

Die Kirchen sind zugeschlossen. Auch das ist schlimm. Man sollte Tag und Nacht vor dem Tabernakel beten für das Heil der

Welt und in den Ländern des Westens ganz besonders für die Reinheit.»

An dieser Stelle wurden wir von meinem Baby unterbrochen.

Die Gottesmutter: «Tue es[12] in Zukunft nur noch dann, wenn das Baby schläft. Deine Pflicht kommt zuerst. Das ist alles für jetzt. Bete deinen Rosenkranz zu Ende.»

Sonntag, 15. Februar 1987
gegen 10.30 Uhr

Die Welt braucht Demut und Reinheit

Vision unserer Lieben Frau von den Schmerzen. Sie war ganz ähnlich gekleidet wie die Pietà in der katholischen Kirche von.... Gegen Ende der Vision war ihr Antlitz von großem Schmerz geprägt:

Die Gottesmutter: «Ich möchte fortfahren in meiner Belehrung über die Demut. *Die Welt von heute braucht Demut und Reinheit. Ohne diese beiden kann es keine wahre Liebe geben.* Bete viele Rosenkränze in dieser Meinung. Ich werde dich sehr demütig machen, damit es ganz klar sein wird, daß diese Botschaft von mir kommt und nicht von dir. Sage dem Priester, er soll sich keine Sorgen machen. Er soll nur auf mich allein sein ganzes Vertrauen setzen. Ich selbst will für alles Sorge tragen.»

Mariamante: Ich drückte einige Bedenken aus, es ihm (dem Priester) zu sagen, ich wollte nicht, daß der Anschein erweckt würde, als ob ich ihm vorschreiben wolle, was er zu tun hätte, aber ich kann mich nicht mehr an die einzelnen Worte erinnern, die ich gebraucht hatte. Sie antwortete mir folgendes:

Die Gottesmutter: «Sage ihm, daß diese Botschaft von seiner Mutter kommt, die ihn innig liebt und ihn unter ihren beständigen Schutz zu nehmen wünscht; angesichts der Situation in der Welt muß aber auch er seinen Anteil an Leiden auf sich nehmen. Ich wünsche, daß diese Botschaft verbreitet wird.

---

12 Nämlich das Aufschreiben der Botschaften. Mariamante.

Auf welche Weise, das werde ich ihm später sagen. Die Botschaft ist auf eure Zeit zugeschnitten, und sie wird vielen helfen, den Bitten meines Sohnes zu entsprechen. Habe keine Angst. Es wird dir Gewißheit gegeben, und die Visionen werden weitergehen.

Liebe deinen Nächsten. Die Liebe ist das Wichtigste. Es ist jetzt nicht die Zeit für kleinliche Verhaltensweisen. Ich bin dabei, viele Seelen darauf vorzubereiten, große Dinge für Gott zu tun. Ihm allein gebührt Herrlichkeit, Ehre und Lob, jetzt und in Ewigkeit.

Man wird dich kritisch beobachten, aber fürchte dich nicht. Ich selbst werde die Priester auswählen, die an diesem meinem Werk mitarbeiten werden, einem Werk von Leid und Liebe. Sei demütig gegenüber deinem Seelenführer. Gib ihm keine Ratschläge. Laß mich durch die Visionen zu ihm sprechen. Ihm ist die Sorge für deine Seele anvertraut worden. Das ist keine Kleinigkeit. Ich will ihn aber mit Freude erfüllen. Ich werde fortfahren, die Gabe zu erneuern, die ich ihm in Fatima zuteil werden ließ.

Er ist einer meiner bevorzugten Söhne, schon seit langer Zeit auserwählt, und darum habe ich ihn auch nach Fatima gerufen.

Sei auch deinem Mann gehorsam in allem, was nicht gegen den Glauben und die Sitten verstößt. Er hat in diesem Augenblick einige Schwierigkeiten, aber er wird bald zum Verständnis des wahren Glaubens gelangen. Auch ich habe auf Erden dem heiligen Josef gehorcht; zum Beispiel, als wir nach Ägypten geflohen sind. Alle Autorität stammt von Gott. Das ist wichtig für eure Zeit.

Mein Herz fließt über vor Schmerz, wenn ich den Zustand der Welt betrachte. Betet mit mir für euer Heil. Betrachtet das eucharistische Herz Jesu, das die Welt so sehr geliebt hat, und betet es an. Gehe jetzt und bereite dich auf die Messe vor.»

Später, am gleichen Tag
Sonntag, 15. Februar 1987
17 Uhr

Stille und Verborgenheit

Vision der Gottesmutter. Wie am Vortag, so schien sie auch jetzt geweint zu haben.

Die Gottesmutter: «Stille und Verborgenheit. Das ist es, um was ich dich bitte. Laß den Herrn durch dich sein Licht über deinen täglichen Pflichten erstrahlen. Viele verstehen das nicht recht und denken, sie müßten für Gott große Dinge in den Augen der Welt vollbringen. Oft ist es gerade das Gegenteil. Stille und Verborgenheit, wie es auch bei mir war in Bethlehem und Nazareth.

Es gibt so viele unter meinen Priestersöhnen, die danach verlangen, lieber ihre eigenen Spuren in der Welt zu hinterlassen, als das Evangelium meines Sohnes zu verkünden. Sie sind auf falschem Wege. Mein Sohn hat alles geoffenbart. Es gibt nichts neues. Sie sollten lieber seinen Spuren folgen als sich ihren eigenen Weg zu bahnen. Durch ihre Irrtümer führen sie auch viele andere in die Irre. Sage ihnen, daß Jesus das Licht ist und nicht der menschliche Geist. Sie aber wollen lieber den menschlichen Verstand anbeten als Gott selbst.

Mütter, lehrt eure Kinder, liebevoll miteinander umzugehen. Wichtige Dinge werden zu Hause gelernt. Wartet nicht, bis andere eure Kinder belehren. Ihr seid die Verantwortlichen, und das soll eure Freude sein. Die Welt hat den Eltern die Freude darüber genommen, Väter und Mütter zu sein. Das ist ein falscher Weg. Disziplin ist notwendig, aber die Freude auch. Liebt eure Kinder. Viele Kinder leiden unter einem Mangel an Liebe. Das ist sehr schlimm. Sie beginnen sich nur als Last zu empfinden. Ihre Eltern sollten Gott um Verzeihung bitten; denn derjenige, der einem von diesen Kleinen Ärgernis gibt, wird dafür Rechenschaft ablegen müssen. Liebt eure Kinder und zeigt es ihnen. Gott hat euch in ihnen wundervolle Geschenke gemacht. Folgt dem Beispiel der Heiligen Familie, wo das Leben sich in der Demut und der Liebe vollzog, voll Ehrfurcht voreinander.

Höre nicht auf, für die Welt zu beten. Ich liebe den Heiligen Vater sehr. Folge seinem Beispiel. Es ist die Pflicht eines jeden, heilig zu sein.

Gehe jetzt zu deinen Kindern. Sie brauchen dich.»[13]

Montag, 16. Februar 1987
Ende der Vision: 17.33 Uhr

Seht da meine Mutter!

Vision des Jesuskindes in den Armen seiner Mutter:

Das Jesuskind: «Seht da meine Mutter! Ich habe ihr die Macht und den Auftrag gegeben, für die Welt Fürsprache einzulegen. Sie wirkt zu euren Gunsten. Sie handelt als die Braut des Heiligen Geistes und kündigt meine Rückkehr an.

Es ist wahr, daß ich allein die Welt gerettet habe, sie aber hört nicht auf, vor dem Throne Gottes Fürsprache für euch einzulegen.

Hört auf das, was sie euch in Fatima und bei den anderen bedeutenden Erscheinungen gesagt hat. Das wird euch helfen, mein Evangelium zu befolgen. Ihre Fürsprache ist ein Segen für die Welt. Gott allein konnte eine solche Barmherzigkeit ersinnen, euch eine Mutter zu geben, die für euch bittet. Durch ihre Fürsprache leistet sie Genugtuung für eure Sünden; wahr ist aber auch, daß ihr trotzdem Sühne leisten müßt. Mein Vater ist zu sehr beleidigt worden. Das kann so nicht weitergehen.

Geht zur Beichte. Ihr müßt eure Seelen von den Sünden reinigen. Bedient euch dieses Zeichens meiner Barmherzigkeit. Bittet um die Reinheit. Die Unreinheit beleidigt meine Mutter, und auch ich kann sie nicht mehr ertragen. Betet aus Liebe zu euren Kindern.

Meine Mutter ist die Königin des Himmels und der Erde. Hört auf sie und tut, was sie euch sagt. Alles kann dadurch

---

13 Gegen Ende der Vision, als sie von den Müttern sprach, habe ich mich selbst in einem altertümlichen Gewand erblickt, ähnlich dem, wie es die Gottesmutter trug, und wie ich es bereits zuvor beschrieben habe. Mariamante.

geändert werden. Führt ein Leben, das dem Evangelium entspricht, nach dem Beispiel, das ich euch auf Erden gegeben habe.

Aufs neue segne ich die Welt, so, wie ich es in Fatima getan habe. Allen wird die Möglichkeit zur Reue gegeben. Ihr lebt in einer Zeit außerordentlicher Barmherzigkeit. Macht euch das zunutze und erweckt Reue. Hört auf sie, die meine Mutter und eure Mutter ist. Sie wird euch helfen, mich so zu lieben, wie es eure Schuldigkeit ist.»

Dienstag, 17. Februar 1987
gegen Mittag

Vision ohne Worte

Kurze Vision unseres Herrn in der katholischen Kirche von..., ohne Dialog. Er hatte einen ernsten Gesichtsausdruck, ebenso wie am 10. Februar.

Donnerstag, 17. Februar 1987
15.00 — 16.45 Uhr

Das Skapulier und der Rosenkranz

Vision der Gottesmutter mit einer Krone auf dem Haupt und mit weiten weißen Gewändern angetan, während ich vor einer Statue unserer Lieben Frau vom Berge Karmel betete:

Die Gottesmutter: «Du bist nicht allein. Viele sind zu der gleichen Aufgabe berufen.»

Mariamante: «Mutter, ich bin nicht vorbereitet.»[14]

Die Gottesmutter: «Von jetzt an treffe deine Vorbereitungen, ehe du mit dem Rosenkranz beginnst. Schreibe das Gespräch auf, auch das, was du selber sagst. Es ist wichtig. Ich wünsche, daß man die Zärtlichkeit meiner Liebe zu meinen

14 Ich hatte nämlich keinen Bleistift und auch kein Schreibpapier bei mir. Mariamante.

Kindern erkennt. Du wirst dich nicht immer an das erinnern, was du schreibst. Das macht nichts. Habe keine Bedenken; die Botschaft kommt von mir.

Ich wünsche, daß du deinen Rosenkranz nicht unterbrichst, wenn die *Vater unser* an der Reihe sind, denn ich möchte sie mit dir beten. Ich bin die Königin des Himmels und der Erde, aber auch ich muß Gott gehorsam sein. Da ich nun Gott gehorche, warum tun meine Kinder es nicht auch? Es ist doch so einfach! Gott verlangt von euch so wenig! Er ist euer barmherziger Vater. Wendet euch an ihn in allem, was ihr braucht. Er wünscht nichts anderes als euch zu helfen, er würde euch niemals etwas Böses tun. Wenn die Dinge in der Welt auch ihren Lauf nehmen, so, wie es der Fall ist, so geschieht das nur wegen der göttlichen Gerechtigkeit. Das ist nicht das Werk Gottes. Das ist das eurige. Das Elend hat seine Ursache in der Sünde und nicht in Gott!

Beunruhigt euch nicht, meine Kinder, ihr, die ihr so lebt, wie es recht ist. Ihr werdet verschont werden. *Das Skapulier vom Berge Karmel ist das Zeichen meines Schutzes.* Ihr sollt es immer tragen. Es wird euch helfen, das Gute zu tun, denn es ist ein Zeichen meiner Liebe, und es wird euch oft an meine Gegenwart erinnern. Es ist das Ziel aller Sakramentalien, euch an die Gegenwart der mit ihnen in Zusammenhang stehenden Person zu erinnern und euch zu helfen, ihre Tugenden nachzuahmen. Das Skapulier und der Rosenkranz sind die wichtigsten unter ihnen, und sie vermitteln euch den stärksten Schutz. Ich will, daß all meine Kinder es tragen. Es wird ihnen zu einer größeren Liebe zu Jesus verhelfen. Es ist ein so einfaches Mittel, dessen sich Gott bedient, um seinen Kindern zu Hilfe zu kommen. Tragt es immer. Das ist alles für jetzt. Bete deinen Rosenkranz zu Ende.»

Mariamante: «Hilf meinem Glauben, Mutter.»

Die Gottesmutter: «Ja, das will ich tun.»

Freitag, 20. Februar 1987, gegen 15.30 Uhr

Das Antlitz des Jesuskindes... erwachte zum Leben

Vision des Jesuskindes. Als ich vor der gleichen Statue Unserer Lieben Frau vom Berge Karmel betete wie am Vortag, veränderte sich plötzlich das Antlitz des Jesuskindes und erwachte zum Leben.[15] Ich empfing die folgende Botschaft:

Das Jesuskind: «Mein Leiden war der Höhepunkt von...»

Hier wurden wir von meinem Sohn unterbrochen, der sich verletzt hatte. Ich mußte zu ihm gehen.

Am gleichen Tag
Freitag, 20. Februar 1987
21.20 — 22.20 Uhr

Ruhe in meinem Unbefleckten Herzen

Vision der Gottesmutter mit dem Jesuskind auf dem Arm, mit folgender Botschaft.

Die Gottesmutter: «Beunruhige dich nicht darüber, kritisch geprüft zu werden. Du bist mein Kind; ich liebe dich, und ich werde dich beschützen. Ich liebe alle meine Kinder. Mein Sohn, das zärtlichste aller Kinder, lädt euch ein, auf mich zu hören. Mein Herz fließt über vor Leid. Ich bitte euch, helft mir, euch zu retten, wie mein Sohn es mir geboten hat. Er hält die Schlüssel zum Himmelreich[16] in seinen kleinen Händen. Er hat sie der katholischen Kirche übergeben. Hört auf eure Priester. Sie sind da, um euch zu führen. Die Passion meines Sohnes war der Höhepunkt der Epoche, von der er sprach, als er auf Erden weilte. Dies ist das neue Zeitalter, von dem er gesprochen hatte, die Herrschaft meines Unbefleckten Herzens und seines Allerheiligsten Herzens.»

Mariamante: «Meine Mutter, ich bitte dich, hilf mir. Ich habe Schwierigkeiten heute abend.»

---

15 Als das Antlitz des Jesuskindes lebendig wurde, war es so ähnlich wie das der Vision vom 16. Februar. Mariamante.

16 Das Jesuskind schien etwas in der Hand zu halten. Mariamante.

Die Gottesmutter: «Ich weiß es. Entspanne dich ganz einfach und ruhe in meinem Unbefleckten Herzen. Es gibt nichts zu fürchten. Ich bin es. Du bist weit davon entfernt, all diese Dinge nur durch die Kraft deiner Natur erfahren zu können. Das ist der Grund, warum wir auf diese Weise miteinander in Verbindung treten. Mein Herz wird deine Zuflucht sein und dich in die verborgensten Tiefen des Allerheiligsten Herzens meines vielgeliebten Sohnes eintreten lassen…

So lange du im heiligen Gehorsam verbleibst, hast du auch nicht die Listen des Widersachers zu fürchten. Dies ist es nämlich, was dich schützen wird. Vergiß es nie! Das ist ein Aspekt des Lebens der Kirche, der heute außerachtgelassen wird; er ist jedoch sehr wichtig zu deinem Schutz und zur Abtötung des Willens. Der Gehorsam ist die Tugend, durch welche die Heiligen abgetötet wurden. Dieser Gedanke ist der heutigen Welt völlig fremd. Wie sehr ist das zu bedauern! Mein Sohn ist gehorsam geworden bis zum Tod am Kreuz, und ihr seid sogar in den allerkleinsten Dingen ungehorsam! Übet euch in dieser Tugend! Durch sie werdet ihr zu tiefer Vereinigung mit Gott gelangen. Dieses Ziel sollten alle Menschen erstreben, nicht nur eine kleine Zahl. Übet die Demut und den Gehorsam, und ihr gelangt schnell zur Vollkommenheit. Das ist es, wonach alle meine Priestersöhne streben sollten, die ich so innig liebe. Ich liebe sie so sehr!

Das ist für den Augenblick alles über den Gehorsam. Übet ihn gewissenhaft, und ihr werdet nichts zu fürchten haben.

Das ist heute ein Tag des Leidens und der Sühne. Suche in jedem Augenblick auf irgendeine Weise für die Sünden zu sühnen, die in der Welt begangen werden; und denke besonders an den Freitagen daran.»[17]

---

17 Es fand auch ein persönliches Gespräch statt, das hier nicht vollständig wiedergegeben ist. Mariamante.

Samstag, 21. Februar 1987
10.30 Uhr

Betet zu mir als dem Kinde Jesus

Vision des Jesuskindes in den Armen seiner Mutter:

Das Jesuskind: «Du darfst keine Angst haben. Es ist wirklich meine Mutter, die zu dir spricht. Sie wünscht intensivere Beziehungen zu ihren Kindern herzustellen, um ihren Triumph herbeizuführen. Das ist nötig wegen der Gottlosigkeit, die heute herrscht. Das unmittelbare Eingreifen Mariens in die Angelegenheiten der Menschen ist wirklich notwendig, um jetzt die Bosheit zu bekämpfen. Sie wird euch helfen in allem, was ihr nötig habt. Nehmt eure Zuflucht zu ihr! Ich brauche dazu keine weiteren Erklärungen zu geben. Es wurde ja schon immer von der Kirche gelehrt. Nehmt eure Zuflucht zu ihr, jetzt und immer! Sie wird euch helfen. Habt keine Bedenken, sie in allen Angelegenheiten anzurufen. Ihre Fürsprache ist von großer Wirksamkeit.»

Als das Gespräch an diesem Punkte angekommen war, hatte ich meinen Rosenkranz wieder zur Hand genommen, denn es war eine Pause entstanden. Dann sagte es:

Das Jesuskind: «Du brauchst deinen Rosenkranz nicht zu beten, wenn ich zu dir spreche. Du brauchst nur zuzuhören, und ich werde zu dir sprechen.

Sie wird euch helfen, den Willen Gottes zu erfüllen. Ihr alle müßt jetzt den Willen Gottes erfüllen, wenn ihr das Unheil verhüten wollt. Wie traurig ist es, so viele von euch im Zustand der Sünde zu sehen! Mein Herz ist davon ganz zerrissen. Ich bitte euch, erweckt Reue, bevor es zu spät ist. Ich will, daß ihr alle verschont werdet. Ich liebe euch. Vergeßt es niemals, daß ich aus Liebe zu euch am Kreuz gestorben bin. Der Welt fällt es schwer, diese Art der Liebe zu verstehen, obwohl sie die wahrhaftigste Liebe ist. Wirklich, es ist die einzig wahre Liebe, denn jede Liebe kommt von Gott, der die Güte ist.

Ich segne euch alle von ganzem Herzen. *Die Verehrung meiner Kindheit ist wichtig, denn diese bekundet die Zärtlichkeit mei-*

ner Liebe. Betet zu mir als Jesus, dem Kind. Ich empfinde darüber große Freude. Fördert diese Verehrung.»

Sonntag, 22. Februar 1987
10.30 Uhr

Der Triumph meines Unbefleckten Herzens

Vision der Gottesmutter, die eine Krone trägt:

Die Gottesmutter: «Der Priester hat recht daran getan zu verhindern, daß dies mit dir in der Öffentlichkeit geschah.[18] In ihrer Gottlosigkeit wollen die Menschen mit aller Kraft meinen Plan zerstören; aber die Macht, die Gott selbst mir gegeben hat, ist unendlich viel größer als alle Gottlosigkeit der Welt. Das Gute triumphiert immer über das Böse. Vergeßt das nie. Es wird euch mit großer Zuversicht erfüllen, das zu wissen und darüber nachzudenken. Satan und seine Legionen vermögen es nicht zu verhindern, daß mein Triumph verwirklicht wird, auch wenn sie sich noch so wütend gebärden, denn Gott selbst hat es vorherbestimmt, daß es in dieser Zeit geschehen soll. Ihr habt das Glück, jetzt zu leben, in dieser Zeit der Barmherzigkeit und der Liebe. Nicht allen wurde eine solche Gunst zuteil, für so viel Böses Buße zu tun.

An dem Zeichen, das am Himmel erscheinen wird, werdet ihr erkennen, daß die Zeit der unmittelbaren Bekehrung einer großen Zahl von Menschen ganz nahe ist. Ich werde dies durch ein überreiches Ausgießen von Gnaden auf die Erde vollbringen, von Gnaden, die mir zu diesem Ziel von Gott gegeben worden sind. Dies wird der Triumph meines Unbefleckten Herzens sein, wovon ich in Fatima gesprochen habe.

Du sollst alles tun, was ich dir jetzt sage. Es ist sehr wichtig, daß du meinen Anweisungen Folge leistest, dadurch wird es

18 Es handelt sich um die Ekstase nach dem Kommunionempfang. Der Priester hatte mir gesagt, ich solle Gott darum bitten, sie nicht in der Öffentlichkeit geschehen zu lassen. Daran dachte ich, als ich meinen Rosenkranz begann. Mariamante.

vielen ermöglicht, ihr Herz aufgeschlossener und damit aufnahmebereiter für eine solche Gnade zu machen.»

Mariamante: «Oh, Mutter, wie wichtig ist das! Ich bitte dich, gib mir die Gewißheit, alles getreulich weiterzugeben, so, wie es dem Willen Gottes und deinem heiligen Plan entspricht.»

Die Gottesmutter: «Ich gebe sie dir.»

Mariamante: «Mutter, kann das alles möglich sein?»

Die Gottesmutter: «Alles ist möglich bei Gott und durch meine Fürsprache.

Das gehört zu meinem Plan. Sei also nicht besorgt um die Art und Weise, wie er sich verwirklichen wird. Ich selbst werde darauf achten. Sie sind ja meine bevorzugten Söhne, und den heiligmäßigen Priestern kommt die Aufgabe zu, für meinen Triumph zu arbeiten und am Heil zahlreicher Seelen mitzuwirken. Sie werden mit entschlossenem und bereitem Herzen auf meinen Plan eingehen, wie sie es bereits in der Vergangenheit gezeigt haben.

...[19]wird dem Priester das nötige Geld geben, damit er nach Rom gehen kann. Ich wünsche um so mehr, daß sie an dem Werke mitarbeitet, weil sie sich seit so langer Zeit als unermüdliche Mitarbeiterin in meinen Anliegen erwiesen hat. Seht die Barmherzigkeit eurer Mutter, seht, wie sie danach verlangt, selbst die kleinsten Arbeiten zu belohnen, wenn sie aus Liebe zu mir und zu meinem Sohn verrichtet worden sind. Ihm sei alle Herrlichkeit, alle Ehre und alles Lob jetzt und in Ewigkeit. Amen!

Gehe und setze dich heute noch mit dem Priester in Verbindung.»

19 Die Gottesmutter wendet sich an diese Person, indem sie ihren Vornamen gebraucht. Mariamante.

Später, am gleichen Tag
Sonntag, 22. Februar 1987
16.45 Uhr

«Ich segne diese so heilige Kirche, die von meinem Sohn gegründet worden ist.»

Die Gottesmutter: «Ich spreche unmittelbar zu deiner Seele. Das geschieht nicht durch die gewöhnlichen Mittel. Wenn ich auch von Gott diese Macht erhalten habe, so habe ich mich in der Vergangenheit doch nur selten ihrer bedient, weil es nicht notwendig war in einer Zeit, die größeren Eifer und mehr Respekt vor der Kirche hatte. Das ist leider heute nicht der Fall. Darum muß ich andere Mittel und Wege zu Hilfe nehmen, um zu meinen Kindern zu sprechen.»

In diesem Augenblick gab es eine Unterbrechung, weil einige Familienmitglieder kamen, und daher fragte ich:

Mariamante: «Mutter, wirst du später wiederkommen?»

Die Gottesmutter: «Ja.»

Später, als ich allein war, sprach sie weiter:

Die Gottesmutter: «Gott hat mir die Macht gegeben, die härtesten Herzen zu rühren. So ist es schon immer durch alle Zeit hindurch gewesen. Jetzt aber besteht eine solch dringende Notwendigkeit, daß ich zu außerordentlichen Mitteln greifen muß, um meine Kinder zu erreichen, die sich so sehr in die Sünde verstrickt haben.

Ich spreche jetzt zu zahlreichen Seelen überall in der Welt, damit sich mein Plan für die Rettung dieser Generation erfüllt. Ja, es geht um die Rettung, denn wenn ich jetzt nicht Fürsprache einlegen würde, dann würden viele für die Ewigkeit verloren gehen. Gott hat in seiner Barmherzigkeit mir die Verwirklichung dieses Planes anvertrauen wollen; was ich tue, geschieht also durch göttliche Inspiration, und es stimmt immer mit dem Willen Gottes überein. So habe ich es stets getan, vom ersten Augenblick an, als seine Allmacht mich erschaffen hatte.

Der Heilige Vater hat dieses Jahr als ein Marianisches Jahr verkündet. Der Heilige Geist hat ihn dazu inspiriert. Er ist der *oberste Lenker und Leiter der Kirche.* Diese Autorität ist ihm von

Gott selbst übergeben worden. Folgt seiner Inspiration! *Er wird euch zu einer immer größeren Liebe zu mir und zu meinem göttlichen Sohne hinführen.* Aus meinem ganzen Herzen segne ich diese so heilige Kirche, die von meinem Sohne gegründet wurde, als er auf Erden weilte. Oh! Wie sehr wünsche ich alle meine Priestersöhne dazu hinzuführen, wieder ihren Rosenkranz zur Hand zu nehmen! So viele aber sind in Sünden verstrickt, und das bekümmert mich sehr. Sie wissen nicht mehr, wie man beten soll. Mein mütterliches Herz legt für sie Fürsprache ein, um sie wieder zum Gebet zurückzuführen. Das ist das einzige, was sie zu retten vermag. Siehe meine Tränen![20] Ich weine, wenn ich ihre Seelen betrachte, die früher so untadelhaft und rein waren und die jetzt so sehr von Sünden befleckt sind. Reinheit und Demut, Gehorsam und Armut, Gebet und Buße, das ist es, was sie wieder zu meinem Sohne zurückführen wird. Auch er liebt sie sehr.

Ich rufe euch dazu auf, daß ihr alle, die ihr meine treuen Anhänger seid, für meine Priester betet, damit sie zu mir zurückkehren, und ich werde sie zu Jesus führen. Seht die Barmherzigkeit Gottes! Er wünscht euch durch die Hände seiner Mutter vom Untergang zu erretten. Von ganzem Herzen bete ich für euch alle. Der Rosenkranz ist jetzt eine sehr kraftvolle Hilfe. Macht ihn zu eurer Waffe im Kampf gegen alles Böse.»

Mariamante: «Mutter, ich liebe dich!»

Die Gottesmutter: «Auch ich liebe dich! Opfere diesen Rosenkranz auf für alle Priester der Welt. Bete oft für sie während deiner täglichen Gebetszeit; ich werde mit dir zusammen für sie beten, da ich sie so sehr liebe, und weil sie mir so teuer sind!»

---

20 In diesem Augenblick der Vision flossen Ströme von Tränen aus ihren Augen. Mariamante.

Montag, 23. Februar 1987
10.40 — 11.30

Bete für den Schutz der unschuldigen Kinder

Vision des Jesuskindes mit einer Krone in den Armen seiner Mutter:

Das Jesuskind: «Ich bin das Jesuskind. Siehe, welche Freude von mir ausgeht. Ich wünsche dich froh zu sehen, auch in den Schwierigkeiten und Prüfungen. Das mag schwer zu verstehen sein, aber wenn du deine Leiden mit den meinigen vereinigst, dann verwandle ich sie in Freude. Die Welt kann das nicht verstehen, denn dies ist das Mysterium des Leidens. Das christliche Leiden ist sinnvoll und wirkt an der Erlösung mit. Es ist nämlich zu eurem Heile notwendig, denn wer mir nachfolgen will, muß sein Kreuz auf sich nehmen. Die Liebe ist ebenso stark wie der Tod, wie die Heilige Schrift es euch sagt.

Die Liebe kennt keine Grenzen, und sie umarmt das Leiden, wenn es kommt, da sie seinen Wert zu verstehen vermag. Du wirst indessen die Klugheit haben, nicht um das Leiden zu bitten, für den Fall, daß es nicht dem Willen Gottes entspricht. Man darf niemals etwas suchen, was vielleicht nicht dem Willen Gottes entspricht. Bete immer darum, daß der Wille Gottes in dir geschieht. Wenn du aber auf deinem Weg das Leiden triffst, dann mußt du es annehmen. Der Plan meines Vaters ist einmalig für einen jeden von euch, niemals ist der eine dem anderen völlig gleich. Dies ist ein anderes Mysterium, das Mysterium der Schöpferkraft Gottes.

Ich wünsche in der Welt eine größtmögliche Verehrung meiner Kindheit einzuführen. Das ist eine große Hilfe im Kampf gegen die Verbrechen, die man gegen unschuldige Kinder verübt und die heute leider so häufig sind. Die Unschuld der Kinder muß wie ein kostbarer Edelstein geschützt und verteidigt werden, denn sie ist unbezahlbar. Bete für den Schutz der unschuldigen Kinder, die jetzt sogar durch diejenigen leiden müssen, von denen sie geliebt werden sollten. Sie sind mir sehr ähnlich in ihrem unschuldigen Leiden. Ihr Leiden muß gelindert werden, die göttliche Gerechtigkeit verlangt es so. Hilf ihnen durch Gebet und durch Handeln, wenn Gott es dich erkennen läßt.

Das wird von jetzt an häufig der Fall sein. Wenn der Augenblick gekommen ist, dann werde ich dir sagen, auf welche Weise ich wünsche, daß du ihnen hilfst. Fürchte dich nicht. Es ist in meinem Plan vorgesehen, diese Kleinen aus dem Rachen des Widersachers zu befreien. Sie sind mir sehr ähnlich. Ich werde dir sagen, wie du ihnen helfen sollst. Das wird eine große Freude sein für dich, ein eigenes Apostolat! Da aber jeder göttliche Plan Werkzeuge auf der Erde benötigt, habe ich dich erwählt, um ihn auszuführen. Später werde ich dir mehr darüber sagen. Du wirst deinen Anteil an Mitarbeit leisten, aber auch viele andere sind daran beteiligt. Hilf mir, das Leiden der Unschuldigen zu lindern, und ich werde es dir reichlich lohnen. *Sprich am Ende jedes Rosenkranzes drei Ave Maria in der Meinung, die Leiden der unschuldigen Kinder in der Welt zu lindern; sie sind meiner Mutter und mir sehr kostbar. Während ihr Tag für Tag eure Pflichten erfüllt, sollt ihr häufig sprechen: "Es ist für die unschuldigen Kinder, die in der Welt leiden."*

Obwohl ich euer Erlöser bin, bitte auch ich euren himmlischen Vater für sie, denn sie sind so ähnlich wie ich es war, da ich als Kind auf Erden weilte. Euer Heil wird ständig durch die Kraft des Gebetes und der guten Werke erwirkt. Ihr dürft diesen Aspekt des christlichen Lebens nicht vernachlässigen. Beides ist nötig.

Meine Mutter hat dich über viele Dinge belehrt. Höre immer auf alles, was sie dir sagt; sie wird dich immer näher zu mir und zu deinem himmlischen Lohn hinführen. Ich segne dich aus ganzem Herzen. Das ist alles für jetzt. Gehe in Frieden!»[21]

---

21 Es fand auch ein kurzes persönliches Gespräch statt, worüber ich meinem Seelenführer berichtet habe; es ist mir aber lieber, es nicht aufzuschreiben, da es einige meiner Familienmitglieder betrifft. Mariamante.

Fast unmittelbar danach
Montag, 23. Februar 1987
11.35 — 11.45

Eine größere Verehrung meines Unbefleckten Herzens

Vision der Gottesmutter:

Die Gottesmutter: «Mein Sohn möchte eine größere Verehrung meines Unbefleckten Herzens einführen. Höre aufmerksam auf meine Belehrungen, so, wie sie dir dargelegt werden. Der Augenblick wird kommen, wo alles schnell gehen muß. Sage das dem Priester. Wenn ich es ihm sage, dann wird er sehr schnell handeln müssen, ohne Zeit zu verlieren. Es ist möglich, daß er das nicht gleich versteht, aber es ist von großer Wichtigkeit. Ich möchte, daß er mit X darüber spricht und ihm sagt, daß es mein Wunsch ist, daß er dieses Büchlein veröffentlicht und dafür sorgt, daß es so bald wie möglich verbreitet wird. Es muß mit einiger Verzögerung gerechnet werden, um das Imprimatur zu erhalten, aber es wird erteilt werden. Aus diesem Grunde wünsche ich, daß schnell gehandelt wird.

Du mußt bereit sein. Du wirst jetzt viele Botschaften erhalten, manchmal mehrere am Tag. Ich werde es so einrichten, daß sie dann an dich ergehen, wenn deine Kinder und dein Mann deine Aufmerksamkeit nicht benötigen. Deine Mutter kann mit der Gnade Gottes alles tun.

Das ist von großer Wichtigkeit, denn es ist mein Wunsch, daß die größtmögliche Zahl meiner Kinder diese Botschaften zu lesen beginnt. Diese werden ihnen helfen, heiliger zu werden und an meinem Triumph mitzuarbeiten. Mache dir keine Sorgen um das Imprimatur. Ich werde darüber wachen, und es wird erteilt werden. Das ist alles für jetzt. Sage das alles so bald wie möglich dem Priester. Auf Wiedersehen, meine Liebe! Bete für die Kinder!»

Später, am gleichen Tag
Montag, 23. Februar 1987
18.00 — 18. 40 Uhr

Ein Apostolat der Mutterschaft

Vision der Gottesmutter:

Die Gottesmutter: «Hört nicht auf, für die Priester zu beten; sie haben eure Gebete jetzt sehr nötig!

Das Jesuskind wird dich auf diesem Wege leiten, um dich zur Vervollkommnung der Mutterschaft zu führen, dieser erhabenen Berufung, die heute leider von vielen gar nicht mehr geschätzt wird. Es wird dir helfen, die Schönheit und das Wunder zu begreifen, unschuldige Kinder zu haben. Bete zu ihm, und es wird dir helfen. Kinder sind in den Augen Gottes so kostbar. Er achtet sehr aufmerksam darauf, wie sie erzogen werden. Er wünscht, daß du diese Aufgabe gut erfüllst.

Ich möchte, daß alle Mütter die Wichtigkeit und Erhabenheit ihrer Berufung erkennen und verstehen. Die Kinder, die Gott ihnen gegeben hat, müssen das Wichtigste in ihrem Leben sein, manchmal sogar wichtiger als ihre Ehemänner, aber natürlich niemals wichtiger als Gott. Je mehr du Gott liebst, um so mehr wirst du auch deinen Mann und deine Kinder lieben. Das ist ein Mysterium der Gnade und der göttlichen Liebe, das du niemals zu begreifen vermagst, selbst, wenn man es dir erklären würde. Für viele ist das schwer zu verstehen, aber wenn sie beten, und zwar vor allem den Rosenkranz, dann gelangen sie allmählich zum Verständnis. Betet allezeit den Rosenkranz, er wird euch helfen, viele Dinge zu verstehen!

Ich bin tief betrübt, weil so viele Mütter ihre Pflicht vernachlässigen, um sich anderen Dingen zuzuwenden. Dazu besteht oft gar keine Notwendigkeit, sie möchten bloß Reichtümer erwerben, während ihr wahrer Reichtum, nämlich die Kinder, sich selbst überlassen bleiben! Voll Mitleid denke ich daran, wie es diesen armen Müttern am Tag des Gerichtes ergehen wird, denn sie werden Rechenschaft ablegen müssen.

Ein Apostolat der Mutterschaft wird durch diese Schriften ins Leben gerufen. Es wird ein Apostolat sein, das aus Gebet und Selbst-

hingabe besteht, und zwar in der Erfüllung der häuslichen Pflichten, in Übereinstimmung mit dem Willen Gottes und aus Liebe zu Gott. Auch das wird zu meinem Triumph beitragen. *Ich werde das Modell dieser Mütter sein in ihrem täglichen Leben, und sie werden meine Tugenden nachahmen.* Das ist nötig, um die Fluten des Bösen einzudämmen, von denen so viele Familien mitgerissen und so viele Heimstätten zerstört werden.

Bete, damit dieses Apostolat beginnt. Ich werde dich später wissen lassen, wie. Gehe jetzt und kümmere dich um deine Pflichten, aber bete zuerst den Rosenkranz zuende.»

Dienstag, 24. Februar 1987
11.15 Uhr

Folgt mir nach, denn ich bin sanft und demütig von Herzen

Vision des Jesuskindes, das eine Krone trägt

Das Jesuskind: «Meine Mutter wünscht weiterhin zu dir zu sprechen. Höre aufmerksam auf alles, was sie dir sagt. Ich habe ihr den Auftrag gegeben, an meinem Werk der Erlösung der Welt mitzuarbeiten. Sie wird viele von denen, die ihr gläubig nachfolgen, für die Erfüllung dieser wunderbaren Aufgabe in ihren Dienst nehmen.

Ihr müßt bereit sein zu einer vollständigen Hingabe eurer selbst, und zwar besonders jetzt, in diesem so entscheidenden Augenblick. Haltet nichts für euch zurück im Dienste für sie und für die Sache, zu der sie euch inspiriert, nämlich dem Triumph ihres Unbefleckten Herzens. Dadurch wird der Herrschaft meines Heiligsten Herzens der Weg bereitet. So wie Maria, als ich auf die Erde kam, eine Vorahnung meiner Herrlichkeit war, so wird sie auch aufs neue mein Zeitalter der Liebe und des Friedens vorbereiten, so wie sie es in Fatima angekündigt hat.

Es gibt viele, die die ganze Bedeutung der Botschaft von Fatima nicht verstehen. Das ist teilweise auf die Gottlosigkeit der Menschen zurückzuführen, teilweise aber auch auf die Machenschaften des Widersachers, der die Botschaft blockieren will, indem er den Menschen einzureden versucht, daß ich in die menschlichen Dinge nicht eingreife. Es hat im Laufe der Geschichte immer wieder unmittelbare Interventionen gegeben, auch in mystischem Sinne, denn so ist es mein Wille gewesen. Das geschieht, um vielen bei ihrer Rettung zu helfen, denn sonst würden sie verloren gehen. Das ist heute sehr notwendig, und zwar wegen der Bosheit dieser Generation auf der ganzen Erde.

Viele wenden sich heute von dem ab, was heilig ist, und sie spotten über das, was mit Gott zu tun hat. Darunter leide ich sehr. Ich vermag es nicht mehr zu ertragen. Das ist der Grund, warum ich meine Mutter gesandt habe, damit sie euch über all meine Wege belehrt und euch zurückführt zu mir. Ich flehe euch an, auf alles zu hören, was sie euch sagt, damit ihre heilige Sendung auf der ganzen Erde verwirklicht werden kann.

Sie, die Braut des Heiligen Geistes, ruft euch auf, mir auf all meinen Wegen zu folgen.

Folget mir, denn ich bin sanftmütig und demütig von Herzen. Möge dieser Gedanke euch stets begleiten. Er wird euch helfen, mir immer ähnlicher zu werden. Sanftmütig und demütig von Herzen! Schon die Schönheit dieser Worte sollte euch ein Ansporn zu größerer Heiligkeit sein!

Seht, welche Zärtlichkeit meine Mutter euch entgegenbringt. Sie ist in Wahrheit auch eure Mutter! Folget ihrem Beispiel, denn sie führt euch zu einer immer größeren Vereinigung mit mir. Das ist das Ziel, für welches ich euch geschaffen habe, nämlich die ewige Glückseligkeit mit eurem Schöpfer im Himmel! Wendet euch von der Sünde ab und kehret zu mir zurück, zu eurer himmlischen Heimstatt, die für euch bereitet ist. Kein Auge hat es gesehen, und kein Ohr hat es gehört, was Gott denen bereitet hat, die ihn lieben. Gehe jetzt in Frieden!»

Vision der Gottesmutter:

Die Gottesmutter: «Mein Sohn hat dir gesagt, aufmerksam auf meine Worte zu hören. Es ist recht, wenn du so handelst, das wird vielen helfen, den Willen Gottes zu tun. Das Jesuskind, das liebenswürdigste aller Kinder, hat zu deinem Herzen gesprochen. Merke dir seine Worte über die Demut gut, denn so wie die Liebe der König aller Tugenden ist, so ist die Demut die Königin. Diese Generation vermag das nicht zu verstehen. Die Menschen müssen es lernen, einander liebevoll und demütig zu begegnen.

Bittet mich um diese Gnaden, wenn ihr euren Rosenkranz betet, und ich werde sie euch in Überfülle geben, so notwendig sind sie jetzt für euer Heil und ebenso für das der Welt, die sich so nahe am Abgrund der Zerstörung befindet. Bei allem, was ihr tut, sollt ihr demütig und liebevoll miteinander umgehen, um die Flut des Stolzes und der Sünde einzudämmen.

Lernt es, einander unverzüglich zu vergeben, ohne irgendeinen Groll gegeneinander zu hegen. Es gibt so viele, die sich weigern zu verzeihen! Wie traurig ist das! Sie können nicht darauf hoffen, selbst Verzeihung zu erlangen, wenn sie den anderen nicht verzeihen wollen. Ihr müßt das in seiner ganzen Tragweite begreifen und es in die Praxis umsetzen.

Ich möchte die Macht all der Legionen heiliger Engel in Dienst nehmen, damit sie euch helfen und euch über alle diese Wege belehren, die die Wege Gottes sind, denn ich bin die Königin der Engel. Sie werden in höchstem Maße dazu beitragen, meinen Triumph herbeizuführen. Sie kämpfen alle Tage ohne Unterlaß für eure Seelen. Wenn sie zu euch sprechen, dann geschieht es oft durch die Stimme des Gewissens; hört auf sie! Sie werden euch helfen, die Gebote Gottes zu beachten und an Heiligkeit zu wachsen. Bittet oft die heiligen Engel darum, euch zu führen und euch die Weisheit zu vermitteln, den Willen Gottes inmitten eurer täglichen Pflichten zu erfüllen, und sie werden euch helfen, seinem Willen gehorsam zu sein.

Gehe jetzt und kümmere dich um dein Kind; ich werde später aufs neue zu dir sprechen.»

Mein Sohn hat uns unterbrochen; es war 12 Uhr mittags.

Mittwoch, 25. Februar 1987
10.20 —11.15 Uhr

Zögere nicht, diese Gnaden zu erbitten

Vision des Jesuskindes:

Das Jesuskind: «Ich wünsche, daß du jetzt viele Dinge tust. Meine Mutter wird dir in meinem Namen die Anweisungen geben. Es ist wichtig, daß ihr schnell handelt bei allem, was man euch sagt, um keine kostbare Zeit zu verlieren. Alle Tage kommen Seelen in die Hölle, weil niemand da ist, der für sie betet und für ihre Sünden Genugtuung leistet. Es ist nötig, daß du in Vereinigung mit all meinen treuen Nachfolgern für ihre Sünden Genugtuung leistest, um diese Seelen zu retten.

Ich werde jetzt viele Opfer von dir verlangen, aber habe keine Angst; deine Opfer werden deine Freude sein. Siehe doch, wie schön Gottes Wege sind, wie sogar ein kleines, aus Liebe zu ihm gebrachtes Opfer dir eine große Freude zu vermitteln vermag. Ich werde dir diese Gnade gewähren, und ebenso auch allen, die darum bitten; dies wird eine große Hilfe sein, den Triumph des Unbefleckten Herzens meiner Mutter herbeizuführen. Zögere nicht, diese Gnaden zu erbitten!»

Mariamante: «Ich habe es getan.»

Das Jesuskind: «Das ist gut! Ich bin glücklich, daß du meiner Bitte bereits entsprochen hast. So mußt du auch in Zukunft handeln. Ohne Zögern mußt du meinen Bitten entsprechen. Wenn du die himmlische Herrlichkeit erlangen willst, die Gott für all jene vorgesehen hat, die ihn lieben, dann antworte schnell und großmütig auf meine Bitten. Es gibt viele, die allzu lange zögern; darum erhalten sie weniger Gnaden, denn sie antworten nur halbherzig. Durch diese Verzögerungen all jener, die lieber ihre eigenen Wege gehen wollen, statt den Willen Gottes zu erfüllen, ist Gott nicht zufriedengestellt. Sie zögern und wägen die Konsequenzen all ihrer Handlungen ab, denn sie haben Angst, etwas aufgeben zu müssen, was ihnen Freude macht. Das ist keine wahre Liebe zu Gott, sondern vielmehr die Liebe zu sich selbst. Diejenigen, die mir folgen wollen, müssen ebenso schnell handeln wie die Apostel, als sie auf meinen Ruf geantwortet haben. Dies ist einer der Gründe, weshalb ich sie erwählt habe. Sie haben nicht zurückgeschaut auf das, was sie verließen, sie waren vielmehr voll Freude und Dankbarkeit, von Gott erwählt worden zu sein. So müßt auch ihr alle jetzt auf all das eingehen, was meine Mutter und ich von euch verlangen.

Hört ihr aufmerksam zu, wenn sie spricht, denn sie offenbart euch viele Dinge, die ihr wissen müßt, um meinen Willen auf der Erde zu erfüllen.»

Eines meiner Kinder unterbrach uns, und der Herr sprach:

Jesus: «Gehe und kümmere dich um dein Kind.»

Dann fuhr es fort:

Das Jesuskind: «Oh! Wie sehr liebe ich sie! Ich wünsche, daß du sie meinem Wunsche entsprechend liebst, nämlich in sehr hohem Grade. Nach der Allerheiligsten Dreifaltigkeit ist sie es, die am meisten geliebt werden muß, noch vor den Engeln und allen Heiligen!

Sei ihre Dienerin, und du wirst meine Dienerin sein. Sei ihr Kind, und du wirst mein Kind sein. Wenn du aber ihr Widersacher bist, dann bist du gleichzeitig auch mein Widersacher. Viele von denen, die sich katholisch nennen, haben diese Wahrheit aus dem Blick verloren; sie müssen ihre Torheit aufgeben, denn eine Torheit ist es wirklich! Sie können sich nicht katholisch nennen, wenn sie die Mutter der einzigen von mir gegründeten Kirche verleugnen. Oh! Welch eine Torheit! Oh! Wie traurig macht mich das! Sie verweigern meiner Mutter in ihrer eigenen Kirche den ihr gebührenden Platz! Betet für diese armen und so sehr verirrten und verblendeten Seelen. Durch ihre Feindseligkeit ihr gegenüber verschließen sie sich selbst den Eingang zum Himmelreich. Bittet Gott, daß er Mitleid mit ihren Seelen habe und daß er sie erleuchte, ehe sie sterben, denn sie fügen meiner Kirche durch ihre Torheit einen großen Schaden zu. Ich selbst, das Jesuskind, flehe sie an, diese schwere Sünde zu bereuen, bevor es für sie zu spät ist. Höre jetzt, was meine Mutter dir sagen will.»

Mariamante: «Oh! Meine Mutter, hilf mir, das alles richtig aufzuschreiben.»

Die Gottesmutter: «Ich werde dir helfen!

Sei lieb und zärtlich zu deinen Kindern. Das ist von größter Wichtigkeit. Sie brauchen deine ganze Aufmerksamkeit, so lange sie noch klein sind. Die Mütter sollten ihren Kindern mehr Zeit widmen, als das in vielen Familien der Fall ist. Erforscht darüber euer Gewissen. Wenn das auch für euch zutrifft, dann ändert euch! Eure Kinder sind eure Edelsteine, euer Reichtum; Wacht über sie wie über einen kostbaren Schatz, der sie ja auch sind.

Die Priester, die ihre Gemeinde vernachlässigen, begehen den gleichen Irrtum. Die Freizeit ist nicht das Wichtigste im christlichen Leben, sie ist nicht zu vereinbaren mit dem Weg der Vollkommenheit, von dem ich wünsche, daß meine Kinder ihn einschlagen.[22] Sie sollen den Egoismus aufgeben, der sie so viel Zeit verlieren läßt, während die Seelen vernachlässigt werden und sie nicht die Sakramente empfangen, besonders nicht die Beichte. Aus diesem Grunde sind viele meiner Kinder unfähig, ihre Sünden zu bekennen. Sie können keine Priester finden, die bereit sind, ihnen etwas von ihrer Zeit zu geben, um ihnen dieses so erhabene Sakrament zu spenden.

Wie traurig ist es für mich, das zu sehen! Der Sinn des Priestertums ist die Spendung der Sakramente. Warum haben sie das vergessen? Sie müssen ihre Prioritäten neu überdenken und sich um ihre Gemeinde kümmern, die mein Sohn selbst ihnen anvertraut hat. Folgt seinem Beispiel auf der Erde. Hat er seine Zeit mit unnützen Freizeitbeschäftigungen verbracht? Natürlich nicht!

Warum solltet ihr es also tun, ihr, die ihr behauptet, ihm folgen zu wollen, und die ihr zur Vollkommenheit berufen seid, die er für euch will. Die Spendung der Sakramente der heiligen

22 Ich begriff, daß dies so zu verstehen sei, daß damit die Pflichten nicht vernachlässigt werden dürften und daß die Erholung auch nicht übertrieben werden soll. Dieser Satz muß in seinem Zusammenhang verstanden werden, in Beziehung zu dem, was sonst noch in diesem Absatz gesagt wird. Mariamante.

Eucharistie und der Buße sollte den ersten Platz in ihrem Leben einnehmen. Nichts anderes sollte ihnen jemals wichtiger sein! Befolgt diesen Rat, und mein Sohn wird euch viele Gnaden gewähren, er wird euch wirklich zur Vollkommenheit führen.

Das ist alles für jetzt. Gehe und erfülle deine Pflichten mit Freude. Ich liebe dich.»

Donnerstag, 26. Februar 1987
16.45 — 17.35 Uhr

In der Erfüllung der täglichen Pflichten vollzieht sich das Werk der Heiligung

Vision der Gottesmutter mit einem weißen Schleier, der ihr Haupt und ihre Schultern umhüllte:

Die Gottesmutter: «Die Barmherzigkeit Gottes ist so groß, daß sie alle umfängt, die sie mit Vertrauen erbitten. Wenn du einmal im Zweifel bist, dann erflehe die Barmherzigkeit Gottes, und sie wird dich erleuchten.

Manche sind der Meinung, sie müßten große Prüfungen bestehen, um heilig zu werden, aber es ist oft die Erfüllung der täglichen Pflichten, in der sich das Werk der Heiligung vollzieht. Diejenigen, die dir am nächsten stehen, werden dir oft die größten Prüfungen verursachen, aber verliere nicht den Mut, das wird nicht lange dauern.

Indem du deine Pflichten erfüllst, arbeitest du an deiner Heiligung. Das ist aber nicht möglich für den, der große Dinge in den Augen der Welt zu vollbringen sucht. Die Heiligung der Seele ist das Werk Gottes; die Mitarbeit und die Zustimmung des Menschen kommt aber hinzu. Gott ist es, der den Weg für dich gewählt hat, und an dir liegt es, auf ihm vorwärtszuschreiten, um auf Erden seinen Plan für dich zu erfüllen.

Große Dinge vollziehen sich in der Verborgenheit der Seele, wenn man zustimmt, vorbehaltlos mit der Gnade Gottes mitzuarbeiten, und bei dem, der sich wirklich dem Willen Gottes überlassen hat. Wenn du das verstehst, dann kennst du das

Geheimnis der Heiligung. Es ist ganz einfach, und es soll nicht kompliziert gemacht werden. Viele verwechseln die Größe, so wie die Welt sie sieht, mit der Größe in der Heiligung, während beide nicht notwendigerweise identisch sind und oft sogar in Widerspruch zueinander stehen.

Das Schweigen in der Verborgenheit des klösterlichen Lebens ist eine meiner großen Freuden, so viele Seelen zu sehen, die Gott dienen, und zwar nur aus Liebe zu ihm, ohne für sich einen Lohn in der Welt zu suchen. Sie erstreben keine Größe in diesem Leben; im anderen Leben aber werden sie eine Krone der Herrlichkeit tragen.

Folge hierin ihrem Beispiel.»

Mariamante: «Ich wünsche nichts anderes als Gott zu gefallen, Mutter.»

Die Gottesmutter: «Dann tue alles, was ich dir sage, und du wirst es vermögen. Sie[23] brauchen dich, und du mußt dich ihnen mehr zuwenden. Du solltest nicht so viele Telefongespräche führen. Eine Mutter soll für ihre Kinder verfügbar sein, wann immer diese sie brauchen; sie soll sich nicht von anderen Dingen von geringerer Bedeutung in Beschlag nehmen lassen. Du mußt deinem Gatten das Gefühl geben, daß er nötig und wichtig ist. Hilf ihm, eine größere Ehrfurcht vor sich selbst und vor den anderen zu haben. Durch zartfühlende Güte wird er das erreichen. Achte darauf, daß er sich nicht ausgeklammert fühlt.»

Mariamante: «Wie kann ich das erreichen, Mutter?»

Die Gottesmutter: «Durch die kleinen Dinge des alltäglichen Lebens. Das Fernsehen ist heute zu einem Tyrannen in den Familien geworden. Sein Einfluß ist nicht immer gut, und viele werden durch falsche Wertmaßstäbe in die Irre geführt. Schalte es ab, wenn das Programm nicht geeignet ist, und schaue das nicht an, was sich nicht gehört für ein katholisches Heim. Laß dich nicht von den falschen Wertmaßstäben einiger weniger beeinflussen, die dieses Medium in der Hand haben und damit die ganze Gesellschaft zu verderben in der Lage sind.

23 Die Kinder. Mariamante.

Ihr sollt das verteidigen, was recht ist. Schweigt nicht angesichts des Verkehrten. Sorgt dafür, daß eure christlichen Werte die euch umgebende Gesellschaft durchdringen. Wenn es euer Wunsch ist, zur Ehre Gottes einen größeren Einfluß auf eure Umgebung auszuüben, dann seid selbst heilig. Das ist das einzige Mittel, um Änderungen herbeizuführen. Ich hoffe, daß die Familienmütter meinen Worten nicht ihr Ohr verschließen werden; es ist für sie nötig, das zu hören, weil sie in ihren Heimstätten den größten Einfluß ausüben in allem, was die Sitte betrifft. Bedient euch dieses Einflusses, um Reinheit und Heiligkeit zu fördern, und Gott wird nicht nur eure Familien segnen, sondern auch alle anderen, die um euch herum leben. Sie werden die Güte des Herrn verkosten und schauen und ihm zu folgen wünschen. Das ist alles.»

Weil ich darüber erstaunt war, so viele Antworten auf Dinge zu erhalten, die mein eigenes Leben betrafen, antwortete sie:

Die Gottesmutter: «Es geschieht, weil ich durch dich und die Erfahrung deines alltäglichen Lebens mich an andere Familienmütter zu wenden wünsche. Bleibe immer in der Wahrheit, und du wirst niemals in die Irre gehen.»

Ich bat sie, meinem Gatten zu helfen, für den ich diesen Tag aufgeopfert hatte.

Die Gottesmutter: «Ich werde es tun.»

Mariamante: «Danke, Mutter.»

Freitag, 27. Februar 1987
gegen 10 Uhr

Der heilige Josef

Wortlose Vision unseres Herrn als Erwachsenem in der katholischen Kirche von…, sowie eine private Botschaft, die meine Familie betraf und mit dem heiligen Josef und dem Jesuskind zu tun hatte.

Sonntag, 1. März 1987
gegen 11.15 Uhr

Gehe häufig zur Beichte

Vision der Gottesmutter:

Die Gottesmutter: «Fürchte dich nicht, mein Kind. Es ist der Widersacher, der dich quält. Ich werde es nicht zulassen, daß er dir etwas Böses antut, wenn er es auch versucht; dies geschieht wegen der Sendung, zu der du auserwählt worden bist. Er sucht sie zu verhindern, weil es meine Angelegenheit ist. Auch deine Kinder werden gequält, wenn ich es auch nicht erlaube, daß ihnen etwas Böses zugefügt wird. Dein Mann wäre fast dieser Tyrannei zum Opfer gefallen. Fahre fort, für ihn zu beten.

Mein Widersacher will nicht, daß diese Botschaft verbreitet wird. Er wird weiterhin versuchen, sie zu unterdrücken. Du mußt dir dessen bewußt sein. Sage es dem Priester, damit auch er daran denkt. Fast alle, die für meinen Triumph am Werke sind, werden jetzt einige Angriffe erfahren, je nach dem Maße der Bedeutung der Sendung, die ich ihnen anvertraut habe. Fürchte dich deshalb nicht. Betrachte das als einen Bestandteil deiner Heiligung. Nimm in solchen Augenblicken zu meinem Schutz deine Zuflucht, und ich werde fortfahren, dich zu schützen.

Der Priester soll das verstehen und fortfahren, dich zu segnen, ebenso wie auch dein Heim, dies wird dir eine große Hilfe sein, die Listen des Widersachers zu bekämpfen, er fürchtet nämlich die heiligmäßigen Priester und den Segen, den sie spenden. Seine Macht wird dadurch zunichte gemacht. Fahre fort, deine täglichen Pflichten zu erfüllen, auch inmitten solcher Vorfälle. Wenn du so handelst, wirst du dadurch auch Hilfe empfangen. Verbleibe im heiligen Gehorsam, und du wirst nichts zu fürchten haben. Vergiß das nie.

Mein Kind Jesus hat seit seiner Geburt den Widersacher in Wut versetzt, denn er geriet außer sich, als er sah, daß ein Kind in menschlichem Fleisch ihm die Herrschaft entrissen und der Welt das Heil gebracht hat. Seine rasende Wut kennt keine

Grenzen, und er fährt fort, seinen Haß gegen die Jünger meines Sohnes zu entfesseln. Jesus hat seine Macht durch das Kreuz vernichtet. So werdet auch ihr durch das Kreuz alles Böse überwinden.

Mein Sohn liebt dich so sehr! Er wird nicht zulassen, daß auch nur ein einziges deiner Haare gekrümmt wird, wenn man es auch versucht. Rufe den Schutz des Kostbaren Blutes an. Nichts anderes sollst du fürchten als die Sünde und Gott zu mißfallen. Bekenne in aller Offenheit deine Sünden. So wirst du die Listen des Feindes zunichte machen. Er will euch alle daran hindern, jene Erkenntnis eurer selbst zu erlangen, die ihr dadurch erwerbt, daß ihr offen und ohne Menschenfurcht eure Sünden bekennt. Deine Sünden sind nicht zahlreich, aber viele meiner Kinder sind ganz in Sünden versunken, da sie es ablehnen, sich dieses heiligen Sakramentes, das mein Sohn eingesetzt hat, zu bedienen.

Ich möchte, daß alle meine Kinder dieses Sakrament zu Hilfe nehmen und häufig zur Beichte gehen, nicht nur von Zeit zu Zeit oder nur ganz selten einmal. Häufiger, regelmäßiger Empfang des Bußsakramentes wird sie in der Heiligkeit wachsen lassen, mehr als jedes andere Mittel es vermöchte. Bete für die, die die Beichte vernachlässigen oder fürchten. Sie müssen dieses Hindernis überwinden, um sich meinem göttlichen Sohne nähern zu können. Er sei gepriesen jetzt und allezeit! Ich werde dich bei jeder Gelegenheit beschützen. Gehe jetzt in Frieden. Deine Mutter liebt dich.»

Montag, 2. März 1987
10.30 — 11.47 Uhr

Trachte nur danach, mich zu lieben

Vision der Gottesmutter und danach des Jesuskindes:

Die Gottesmutter: «Die Zeit, über die du verfügst, ist nicht notwendigerweise so begrenzt, wie du dir das vorstellst. Ich werde dir soviel Zeit geben wie du brauchst, um meine Sendung zu erfüllen. Wie ich es dir bereits erklärt habe, werde ich es so einrichten, daß dann deine Familie deine Aufmerksamkeit nicht benötigt.

Ich habe alles so eingerichtet, daß der Priester... in der Nähe zu finden sein wird, in deiner Nachbarschaft, wie du ja weißt. Ich will, daß du ihn aufsuchen gehst. Bitte ihn um seinen Segen, wie du es ja vorhattest. Er ist einer meiner auserwählten Söhne, der eine große Aufgabe für mich erfüllt. Die dir zukommende Aufgabe wird ähnlich wie die seinige sein, nur, daß du nicht wie er in der Öffentlichkeit in Erscheinung treten wirst. So ist es in meinem Plan vorgesehen, um dich zu schützen, dich und deine Familie, die nicht fähig wäre, all das zu verstehen, was geschieht. Das ist der Grund, warum ich entschieden habe, dich unerkannt in der Verborgenheit zu bewahren.... Du sollst dafür sehr dankbar sein, denn die meisten haben sich nicht einer solchen Verborgenheit erfreuen können... Sie haben sehr darunter gelitten, der Öffentlichkeit ausgesetzt gewesen zu sein, denn das kann wirklich grausam sein. Ich will nicht, daß du ein solches Leid ertragen mußt. Darum werde ich auch weiterhin dein Privatleben in Schutz nehmen.

Mein Sohn hat dich darum gebeten, aufmerksam auf mich zu hören. Höre jetzt auf ihn, er wird dir ein Geheimnis offenbaren, ein Geheimnis des Herzens.»

Das Jesuskind: «Ich will nicht, daß meine Kinder sich mit allerlei Wissen überladen, das in keiner Weise dazu dient, mir näher zu kommen. Ich spreche von dieser Tendenz, die für dich selbst eine Ursache der Unruhe war. Du hast recht in deiner Abneigung gegen das Böse. Du hast sie unmittelbar von mir empfangen, und sie ist in sich selbst ein Geschenk. Viele verstehen das nicht und sehen es als einen Mangel an Stärke an. Der Widerwille gegen das Böse sollte indessen die Regel sein für alle, die mir nachfolgen, und nicht nur für eine kleine Zahl.

Leider besteht bei manchen von ihnen die Tendenz, sich zur Vorbereitung für das Geistliche, das heißt, das, was den spirituellen Bereich betrifft, mit vielem menschlichen Wissen zu beladen, nämlich mit einem Wissen, das in sich selbst nicht wirklich geistlicher Natur ist und das sie mit dem wirklich

Geistlichen vermischen. Das übermäßige Wissen, das man sich über den Teufel und seine Anhänger erwirbt, vermag in keiner Weise zum geistlichen Fortschritt beizutragen. Es vermag ihn sogar oft zu verhindern, indem man sein Interesse auf Dinge konzentriert, die nicht von Gott sind.

Dies ist das Geheimnis des Herzens, das ich dir zu offenbaren wünsche: Wer ausschließlich mich zu lieben wünscht und alles zu meiner Verherrlichung tun will, interessiert sich nicht für das, was der Widersacher tut, er stößt ihn nur weit von sich fort. In einem von Liebe zu mir erfüllten Herzen ist kein Platz für irgend etwas anderes, und es zeigt lediglich Gleichgültigkeit gegenüber dem, was böse ist. Das bedeutet nicht, daß nicht einige, wie z.B. manche Priester, dazu berufen sind, als Exorzisten dem Wirken des Widersachers entgegenzutreten; aber es sind nur wenige, und diese sind besonders von mir erwählt.

Die heutigen Christen haben die Neigung, sich von den Machenschaften des Widersachers faszinieren zu lassen, und das beweist nichts anderes als die geringe Tiefe ihrer Liebe zu mir. Ihre Zeit und ihre Kraft verbringen sie damit, einen oberflächlichen Geschmack für das Außergewöhnliche zu pflegen, und zwar unter dem Vorwand, sich damit auf das Geistliche vorzubereiten, während sie besser daran täten, ihre Zeit im Gebet oder mit mir vor dem Tabernakel zu verbringen. Dies ist die rechte Art, sich zu bereichern, nicht aber die Anhäufung von Wissen über den Teufel und seine Werke. Zahlreich sind heute seine Werke in der Welt. Euer Werk sollte es sein, das Böse durch Gebet und Buße zu bekämpfen und nicht dadurch, daß man viel darüber weiß.

Ich beschwöre meine Nachfolger, ihren Blick vom Teufel abzuwenden und ihn auf die himmlischen Dinge auszurichten. Da, wo ihr eure Zeit verbringt, da ist auch euer Herz! Dadurch wird offenbar, wo euer Herz sich wirklich befindet. Freut euch weniger darüber, daß ihr die Macht erhalten habt, Dämonen auszutreiben, als vielmehr darüber, daß eure Namen im Himmel aufgezeichnet sind.

Das Tiefste, das Innerlichste des Herzens, das ist die Liebe. Wenn du mich wirklich liebst, dann suchst du nur das, was von mir kommt, und nicht das, was von dem kommt, der mich haßt. Satan selbst ist es, der es bewirkt, daß eine solche Torheit begangen wird, indem er meinen Kindern ein falsches Gefühl der Sicherheit gibt mit ihrem sogenannten Wissen über das, was sein wird. Noch einmal weise ich euch darauf hin: die beste Art der Vorbereitung besteht darin, viele Stunden im Gebet zu verbringen, indem ihr Buße tut aus Liebe zu mir und indem ihr mehr Zeit mit mir vor dem Tabernakel verbringt. Das wird euch auf all das vorbereiten, was nicht nur in dieser Welt, sondern auch in der anderen geschehen kann. Ich werde von euch Rechenschaft über euch selbst verlangen, wenn ich euch von Angesicht zu Angesicht sehen werde: Wie habt ihr eure Zeit verbracht? Habt ihr sie mit mir oder mit meinem Widersacher verbracht? Von euch hängt eure Antwort ab. Jetzt ist es an der Zeit, eure Wahl zu treffen.

Ein anderer Aspekt, der mich bei diesem modernen Phänomen betrübt, ist die Selbstgerechtigkeit, die oft bei denen anzutreffen ist[24], die an dieser sogenannten Dämonenjagd beteiligt sind. Sie betrachten diejenigen von oben herab, die auf so traurige Weise in die Irre geführt worden sind; sie betrachten sie als mehr oder weniger unter ihnen stehend, und dadurch werden sie aufgeblasen von Stolz und Anmaßung. Und dennoch, wenn es nicht meine Gnade und meine Barmherzigkeit gäbe, dann würden sie sich selbst mit Sicherheit in der gleichen Lage befinden. Wessen könnt ihr euch also rühmen? Gibt es denn etwas, das nicht von Gott ist, das nicht aus meiner Schöpfung, aus meinem Wissen stammt? Bei denen, die erklären, daß sie mich lieben, gibt es keinen Platz weder für den Stolz, noch für die eitle Ruhmsucht. Ja, sie müssen alle meine Geschöpfe lieben, auch die, die in Sünden gefallen sind. Dies ist der Weg, um ihnen helfen zu können. Sie werden eure Liebe zu mir und zu den anderen bemerken, und so wird in ihnen der Wunsch

24 Jene frommen Seelen, die sich in übertriebener Weise für die Machenschaften des Teufels interessieren. Mariamante.

erweckt, euch ähnlich zu werden. Die Heiligkeit, die ich euch schenke, wird bei anderen die Bekehrung bewirken und wird diejenigen zu mir zurückführen, die sich von mir entfernt haben, wenn ihr wahrhaft auf Erden meine Zeugen seid.

Nochmals sage ich es dir daher: Wenn du mich wirklich liebst, dann verbringe deine Zeit mit mir, alle deine Zeit. Überlasse keinen Augenblick der Zeit, die rechtmäßig mir gehört, den Machenschaften des Teufels. Laß ihn in der Vergessenheit und in der Finsternis, und gib ihm in deinen Gedanken nicht den ersten Platz. Entferne dich von ihm und von seinen Werken, es ist schon genug darüber gesagt worden; richte vielmehr deine Gedanken, deine Zeit und deine Liebe auf mich und meine Werke.

Nehmt euch die Heiligen zum Vorbild. Sie sprachen nur selten vom Teufel, aber viel von mir und meiner Mutter und von dem, was heilig ist. Amen, ich sage es euch, wer von sich sagt, daß er mich wahrhaft liebt, der wird alles verlassen, was der Welt angehört, einschließlich des Fürsten der Finsternis, und er wird mir nachfolgen.

Folget mir nach, denn ich bin sanftmütig und demütig von Herzen. Sucht nur das zu erkennen, was Gottes ist, was euch näher zu mir hinführt, und nicht das, was des Teufels ist.

Fürchte dich nicht. Freue dich, daß du von mir auserwählt worden bist, diese Botschaft der Welt zu übermitteln. Kümmere dich nicht darum, was man etwa von dir denken kann. Wenn du hierin nicht achtsam bist, kann das zu deinem Untergang führen. Suche nur mir zu gefallen, und niemandem sonst. Menschliche Wertschätzung ist vergänglich und ändert sich rasch. Meine Liebe zu dir aber bleibt die gleiche, heute, wie auch gestern und morgen. Singe das Lob deines himmlischen Schöpfers. So wünsche ich, daß du deine Zeit verbringst, nämlich mit mir! Du kannst jetzt gehen und in Frieden deine tägliche Pflicht erfüllen.

Du wunderst dich darüber, daß ich das anspreche, was dich betrifft, es sind nämlich meine Interessen; ich bin es ja, der sie dir gegeben hat. Du fängst jetzt an, die Dinge in immer größerer

Klarheit zu sehen. Das ist eine unmittelbare Wirkung der Vereinigung, die ich auf die Fürsprache meiner Mutter hin mit dir bestärkt habe. Sie ist es, die dich erwählt hat, meine Braut zu sein. Sie wird dich zur Hochzeitsfeier vorbereiten. Höre auf sie, und folge ihrem Beispiel. Gehe jetzt, wie ich es dir sage!»

Dienstag, 3. März 1987
15.10 — 16.10 Uhr

Nimm das Kreuz an, statt es zu bekämpfen

Vision des Jesuskindes:

Das Jesuskind: «Fahre fort, für die Reinheit in der Welt zu beten. Das ist jetzt notwendig.

Da spürst die Wut des Widersachers, aber das wird schnell vorübergehen. Das war eine große Prüfung für deine Familie; aber ich werde nicht zulassen, daß es noch länger andauert. Dein Heim wird bald davon befreit sein. Schon seit langer Zeit ist das Rückgrat der Schlange zertreten; du brauchst daher keine Angst vor ihr zu haben. Sie vermag nichts auszurichten gegen die, die mich lieben. Du hast dich während dieser Prüfung gut gehalten. Ich hoffe, daß die anderen es dir gleichtun werden, wenn die Prüfung auch an sie herantritt. Ich weiß, daß das nicht immer leicht ist, aber im Glauben werdet ihr alle Widrigkeiten überwinden. Setzt euer ganzes Vertrauen nur auf mich und auf die Macht der Fürsprache meiner Mutter, und nichts in der Welt wird euch wirklich zu schaden vermögen.»

Mariamante: «Herr, ich bitte dich, komme Frau X[25] und meinem Mann zu Hilfe.»[26]

Das Jesuskind: «Ich werde es tun. Denke daran, daß diese Visionen und ihre Botschaften für andere bestimmt sind, und nicht nur für dich.»

Mariamante: «Ja, Herr. Kleines Jesuskind, ich liebe dich, und ich hoffe, daß ich nichts falsch gemacht habe.»

---

25 Eine Dame, die einen Autounfall hatte. Mariamante.
26 Der mir Sorge machte. Mariamante.

Das Jesuskind: «Nein, aber denke daran, wenn du Fragen stellst. Ich wünsche, daß ihr daran denkt, daß alle diejenigen, die mich lieben, nichts zu fürchten haben. Die Furcht ist unnötig, nötig aber ist das Vertrauen. Eine mutige Haltung und Geduld sind erforderlich in dieser Zeit.»

Da meine Kinder mich in diesem Augenblick mehrmals unterbrachen, antwortete es:

Das Jesuskind: «Beunruhige dich nicht wegen dieser Unterbrechungen. Ich verstehe das alles!

Du wirst bald eine sehr harte Prüfung des Glaubens durchmachen. Ich werde dich bis ins innerste prüfen, die Früchte aber werden köstlich sein. Das ist der Weg, den du beschreiten mußt. Die Reinigung muß jedem geistlichen Wachstum vorangehen, um ihm Kraft zu verleihen. Du mußt das verstehen und dich daran erinnern, wenn der Augenblick der Prüfung kommt. Die Prüfungen sind nur vorübergehend und haben nicht die Dauerhaftigkeit meiner Liebe zu dir. Denke in den Augenblicken der Prüfungen an die Liebe Gottes, und du wirst deinen Trost darin finden. Er hat dich nicht vergessen, und er wird es niemals tun. Freue dich, daß du auserwählt worden bist, auf eine Weise zu leiden, die der meinigen ähnlich ist. Es ist ein wunderbares Geschenk, das ich dir damit mache und das ich nur wenigen meiner Kinder gewähre. Denke in den kommenden Wochen daran, jetzt, wo die Fastenzeit beginnt. Ich werde dir helfen, mit der Zeit mehr zu verstehen, aber nicht immer auf die gleiche Art. Du mußt dich auf große Leiden gefaßt machen, aber meine Mutter wird dir auch ihren Trost zukommen lassen, und sie wird dich niemals verlassen, selbst wenn es dir manchmal so vorkommen mag. Du könntest das alles jetzt nicht verstehen, selbst wenn ich es dir erklären würde, denn die göttlichen Dinge vermag man nur durch die Reinigung der Seele zu begreifen.

Freue dich in den Prüfungen, denn sie befreien dich von den Fesseln der Sklaverei der Sünde. Die Sünden auf allen Ebenen, auch die läßlichen Sünden, sind eine schwere Beleidigung Gottes. Die Seele muß von allen Sünden gereinigt sein, ehe sie vor dem Throne Gottes im Himmel erscheinen kann. Wenn du danach verlangst, daß dies schon jetzt auf Erden geschieht, dann mußt du bereit sein, in diesem Leben ein wenig zu leiden, um das Himmelreich zu verdienen. Die einen werden mehr, die anderen weniger leiden, das hängt von den einzelnen Seelen und vom Willen Gottes ab.

Du mußt dich darauf vorbereiten, bald zur Beichte zu gehen. Ich will, daß du es dir zur Gewohnheit machst, häufig zu beichten. Dies ist das einfachste Mittel der Reinigung, das Leiden aber ist das Schwierigste. Wie ich es dir jedoch schon vorher gesagt habe, wird selbst das Leiden, das du erträgst, zur Freude, wenn es mit dem meinigen vereinigt ist.

Vielleicht fragst du dich, warum es in der heutigen Welt so viel Leiden gibt. Wegen der vielen Sünden ist das so! Die Sünde kann nur schwer gesühnt werden, wenn sie sich gegen die Reinigung wehrt, wenn sie aber den Wert des Leidens erkennt und sich mit dem meinigen am Kreuze vereinigt, dann beginnt sie hierin klar zu sehen, und einzig diese Klarheit wird diejenigen, die leiden, aufrecht erhalten, denn es wird ihnen die Notwendigkeit des Leidens gezeigt als einer Mitwirkung an der Erlösung.

Viele leiden gleichsam blind, ohne den Wert des Leidens zu verstehen. Das ist schade! Sie würden nicht jene Einsamkeit verspüren, die diese Art des Leidens begleitet, wenn sie sich mir zuwenden und ihr Leiden mit dem meinigen vereinigen würden. Meine Passion wird ihnen Kraft und Frieden geben, und sie werden dem Kreuz keinen Widerstand mehr leisten.

Statt das Kreuz zu bekämpfen, nimm es als eine Ehre an, die es auch wirklich ist. Deiner Natur fällt es schwer, das zu verstehen, aber zu gegebener Zeit wirst du beginnen, es zu begreifen. Die meisten meiner Kinder verstehen jetzt sehr wenig davon. Darum ist es meine Absicht, immer wieder darauf hinzuweisen und es häufig zu wiederholen.

Fürchte nichts von dem, was dich mit mir vereinigt, wie z.B. die Prüfungen und Kreuze; fürchte vielmehr das, was dich von mir trennt, wie die Freuden und Befriedigungen des Fleisches es sind. Bitte darum, die Kraft und den Mut zu erhalten, deine

Kreuze zu tragen und sie nicht von dir zu stoßen, denn sie sind für dich ein Mittel der Reinigung und Heiligung.

Wenngleich die Barmherzigkeit Gottes in sich selbst bereits die Heilung vielen Elends ist, so tritt diese doch nur dann unmittelbar in Aktion, wenn ich es bei manchen nicht für notwendig zu ihrem Heil erachte, daß sie dieses oder jenes bestimmte Kreuz tragen. Wenn ein Kreuz oder eine Prüfung in spiritueller Hinsicht von großem Wert ist, dann nehme ich es nicht fort, und du sollst das auch niemals wünschen, denn es kann zum Heile vieler dienen, nicht nur eines einzelnen.

Denke in der Fastenzeit an meine Worte, und vergiß nicht, daß ich dich liebe, mehr, als du es zu begreifen vermagst, ebenso wie auch alle meine lieben Kinder. Lobpreise die Allerheiligste Dreifaltigkeit!»

Donnerstag, 5. März 1987
21.20 — 22.10 Uhr

Sprich jetzt dein Fiat aus

Vision der Gottesmutter und des Jesuskindes:

Die Gottesmutter: «*Ich wünsche, daß das Apostolat der Mutterschaft sehr bald beginnt.* Es wird meinen Triumph unterstützen, denn viele Familienmütter werden daran beteiligt sein und auf diese Weise zur Heiligkeit gelangen. Sie werden es lernen, ihre täglichen Pflichten zu einer Opfergabe von großem Werte werden zu lassen, und sie werden damit einen Beitrag leisten, um für einen großen Teil der Sünden in der Welt zu sühnen. Sie werden es lernen, in kluger Weise ihre Zeit zu nutzen. Das ist der Fall, wenn man sie im Gebet zubringt, nicht mit einem oberflächlichen Gebet oder einem solchen, bei dem viele Worte gemacht werden, sondern mit einem Gebet, das durch seine Aufrichtigkeit und seine Liebe das Herz meines Sohnes erreicht.

Außer Gott und mir selbst werden sie ihre Kinder, ihren Gatten und ihr Heim über alles lieben, und sie werden leuchtende Beispiele sein für alle, die in ihrer Nähe leben. All ihre Aufmerksamkeit werden sie ihrem Heim zuwenden, und sie werden nach nichts anderem verlangen als danach, auf diesem Wege eine der erhabensten Stufen der Vollkommenheit zu erreichen. Sie werden zuerst an ihre Kinder denken, und erst danach an sich selbst und alle anderen. Sie werden ihren Ehemann mit tiefer, heiliger, echt christlicher Liebe lieben.

Sie werden die Kirche lieben und danach streben, alles für das Heil der Seelen und für meinen Triumph zu tun. Sie werden für den Frieden wirken, und zwar durch ihr Beispiel und ihr Gebet, nicht aber durch einen Aktivismus, welcher der Reinheit der Berufung, zu der ich sie einlade, Schaden zufügen würde. Sie müssen Vorbilder der Selbstverleugnung sein und Beispiele der Liebe und Zärtlichkeit all jenen gegenüber, denen sie begegnen.

Mein Sohn möchte mit dir sprechen.»

Jesus: «Meine Mutter hat dich über dieses Apostolat belehrt, und sie möchte sehen, daß du damit beginnst. Es wird auch dazu beitragen, die Leiden der Kinder zu lindern, wie ich es dir schon früher gesagt habe. Es wird dazu beitragen je nach dem Maße des Wachstums der Heiligkeit in den Herzen; diese werden so zahlreich sein, daß die Flut des Bösen, von der ich schon gesprochen habe, dadurch eingedämmt wird und viele Kinder dadurch Hilfe erfahren, die sonst sehr viel leiden würden. Daher wird es deine Freude sein

Ich bin glücklich, daß du meinen Bitten entsprochen hast, noch ehe du wußtest, was alles damit zusammenhängt. Das zeigt die Großmut deines Herzens, wie ich sie bei all meinen Kindern zu sehen wünsche, wenn ich bei ihnen eine Bitte ausspreche. Viele zögern, wenn ich sie um etwas ersuche. Ihr dürft niemals zögern, wenn Gott etwas von euch verlangt. Bringt ihm immer Vertrauen entgegen und antwortet augenblicklich mit einem Ja, so wie meine Mutter es tat, als sie das wundervolle Fiat aussprach, durch das es mir ermöglicht wurde, in diese Welt zu kommen.

Ich werde dir immer die nötige Gnade geben für jede Aufgabe, die ich von dir verlange, anderenfalls würde ich dich nicht darum bitten. Du mußt fest daran glauben, und wenn du im

Glauben deine Antwort gibst, dann soll sie aus deinem ganzen Herzen kommen. Ich weiß, daß viele meiner Kinder Angst haben vor dem Außergewöhnlichen und daß sie vor allem danach verlangen, weiterhin in der Welt ihren Weg zu gehen, wie alle anderen auch, aber das ist nicht immer der Wille Gottes. Ihr müßt dem Willen Gottes entsprechen, was immer es auch kosten mag. Eurem Schöpfer Nein zu sagen, das bedeutet, ihm das zu verweigern, was ihm rechtmäßigerweise geschuldet ist, nämlich die unwandelbare Liebe eurerseits, die ihr ihm durch eure Hingabe an seinen Dienst und den Dienst an den anderen bezeugt, ebenso wie durch das glühende Gebet, das ihr für euch selbst und für die Welt an ihn richtet.

Oh! Betet für die Welt, besonders jetzt, wo es so dringend ist! Der Schrei der Unschuld dringt an mein Ohr! All die Ungerechtigkeit kann nicht länger so weitergehen. Es muß anders werden, und zwar sehr schnell, anderenfalls wird eine furchtbare Strafe über die Welt kommen; es geht nicht anders! Der Himmel kann es nicht länger ertragen! Mein Vater und ich haben es so beschlossen! Entweder ihr ändert euch, oder das alles wird geschehen müssen!

Die Fürsprache meiner Mutter wird euch in all euren Bedürfnissen zu Hilfe kommen. Ihr habt nichts zu fürchten. Ruft sie bei jeder Gelegenheit an, und sie wird euch zu Hilfe kommen. Viele von euch wird sie sogar zu den Gipfeln der Heiligkeit führen, welche jetzt so nötig ist. Allen, die dies lesen, sage ich: Sprich jetzt dein Fiat aus, und tue es aus ganzem Herzen, um am Triumph meiner Mutter mitzuwirken, durch den für diese Generation das Heil der Welt erwirkt werden wird, in einem Zeitalter des Friedens, wovon sie in Fatima gesprochen hat. Zögere nicht! Morgen ist es zu spät! Ich wünsche, daß all meine Kinder die Wichtigkeit einer unverzüglichen Antwort an meine Mutter und auf meine Forderungen begreifen. Sie sind einfach und mit Hilfe meiner Gnade leicht auszuführen. Diejenigen, die meinen Namen anrufen, sollen nicht fürchten, daß sie eine außergewöhnliche Last zu tragen bekommen. Ich werde ihnen alle Gnaden geben, um alles zu erfüllen und es ohne

Schwierigkeit zu tun, wenn ihr den Glauben habt. *Der Glaube vermag die Welt zu verändern.* Glaube an mich und die Fürsprache meiner Mutter, und die Welt wird verändert werden.

Betet für die Kinder und darum, daß dieses Apostolat seinen Anfang nimmt. Es wird sehr heilig und mir sehr angenehm sein, denn es ist das Werk meiner Mutter, die alles für ihren Schöpfer tut und für ihre Kinder, die sie liebt. Amen, ich sage euch, ihr könnt Gott niemals dankbar genug sein, daß er euch diese zartfühlende und bewundernswerte Mutter gegeben hat, die für eure Sünden Genugtuung leistet. Betet zu Gott und sagt ihm Dank für sie. Ihr erweist ihr Ehre durch dieses Gebet, das aus eurem Herzen kommt.

Das ist alles für jetzt. Denke weiterhin daran, meine Botschaften aufzuschreiben, und gib sie rasch dem Priester. Es bleibt nicht mehr viel Zeit.

Ich segne euch aus ganzem Herzen!»

Samstag, 7. März 1987
12.00 — 13.05 Uhr

In den Sakramenten liegt die Antwort auf alle Übel der heutigen Zeit

Vision des Jesuskindes, danach der Gottesmutter:

Das Jesuskind: «Heute möchte ich damit beginnen, von der Notwendigkeit zu sprechen, das Schamgefühl in der Kleidung zu wahren, wie auch in allen Aspekten des modernen Lebens. Der Mangel an Anstand in der Kleidung betrübt mich sehr und ebenso auch meine Mutter, die das hervorragende Vorbild der Reinheit ist. Ihr solltet euch von ihr führen lassen und hierin ihrem Beispiel folgen. Ich wünsche, daß die jungen Mädchen sich zurückhaltend und schamhaft kleiden und daß ihre Eltern darüber wachen. Die Eltern selbst sind auf diesem Gebiet der Disziplin recht schlaff geworden und erlauben Dinge, die sich für meine Kinder keineswegs geziemen. Belehrt eure Kinder über die zu befolgenden Regeln, dadurch daß ihr ihnen selbst ein Beispiel gebt, indem ihr ihnen das Nötige erklärt und indem ihr sie zurechtweist, wenn es nötig ist. Die Eltern, die nur eine oder zwei Generationen vor euch lebten, hätten sich niemals das erlaubt, was heute geduldet wird.

Ich wünsche auch über das Problem der Kinder zu sprechen, die sich durch das schlechte Beispiel ihrer Eltern direkt in die Irre führen ließen. Das ist heute leider sehr häufig der Fall, und das ist eine Sache, die ich durch das Apostolat, von dem ich schon gesprochen habe, wieder in Ordnung bringen möchte. In vielen Fällen sind besonders die Mütter zu schlechten Beispielen für ihre Kinder geworden, was die Reinheit und den Anstand in Kleidung und Sitten betrifft. Sie unterhalten unerlaubte Beziehungen und fügen dadurch ihren Familien einen Schaden zu, der fast nicht wieder gutgemacht werden kann. Wenn sie sich jedoch mir zuwenden, dann werde ich ihnen die Gnade und die Reinheit wiedergeben, sofern sie ihre Sünden bereuen.

Die Väter dieser Generation sind selber wie die Kinder geworden und suchen weiter nichts als ihr eigenes Vergnügen und kindische Freizeitbeschäftigungen. Sie sollten ernsthaft sein und für ihre Kinder ein Beispiel der Reife und keine Spielgefährten. Die Kinder müssen es lernen, die Autorität zu respektieren, aber wie können sie das, wenn ihre eigenen Väter sich wie die Kinder benehmen und an nichts anderes denken, als ihrem Vergnügen nachzugehen?

Die Tragödie unserer modernen Gesellschaft besteht darin, daß die Eltern keine Eltern mehr sein wollen; sie wollen selber Kinder sein. Welch eine Schande! Was für eine Verdrehung der Werte! Ihre Kinder haben niemanden, an den sie sich halten können, denn ihren Eltern fehlt es an der sittlichen Kraft, um auch nur die einfachsten Formen von Versuchung und Sünde zu bekämpfen. Das einzige Mittel, um diese Kraft zu erwerben, die noch vor gar nicht langer Zeit etwas Selbstverständliches war, besteht darin, zu beten und ihre Sünden zu bereuen. Ihre Sünden müssen ihnen leid tun.

Sie sollen mich in den Sakramenten ihrer heiligen Mutter Kirche suchen. Sie ist auf Erden ihre höchste Führerin zur Heiligkeit. Die von mir gegründete Kirche ist die Antwort, die ich ihnen gebe. Die Antwort auf alle Übel der heutigen Zeit sind die Sakramente meiner Kirche. Damit gebe ich euch ein immerwährendes Geschenk meiner Liebe, einen lichtvollen Weg, der aber noch so selten beschritten wird. Du wählst ihn bereits, wenn du im Bußsakrament zu mir zurückkehrst. Ich werde dir die Kraft geben, all das zu sein, was ich von dir wünsche, wenn du zu mir zurückkehrst und dich auf diese Weise von deinen Sünden reinigen läßt.

Ihr erniedrigt euch selbst, wenn ihr unwürdige Kommunionen empfangt, nachdem ihr Todsünden begangen habt. Das ist ein Frevel, der nicht länger andauern darf. Gehe nicht zur Kommunion, wenn deine Seele sich im Zustand der Todsünde befindet. Das wäre eine neue schwere Sünde. Meine Priester müßten öfter und mit klareren Worten darauf hinweisen, denn viele haben diese Lehre vollständig vergessen. Ein großer Teil derer, die so handeln, sind indessen nicht weniger schuldhaft, denn sie kennen diese Lehre, aber sie ziehen es vor, sie nicht zur Kenntnis zu nehmen. Sie haben das Gespür für die Sünde praktisch ganz aus ihrem Denken verbannt, indem sie sich selber einreden, daß es praktisch unmöglich ist, schwere Sünden oder Todsünden zu begehen. Ich sage euch jetzt, daß das ein schwerer und ernst zu nehmender Irrtum ist, der überwunden werden muß, wenn ihr in das Himmelreich eingehen wollt, das ich für euch bereitet habe. Im Zustand der Todsünde werdet ihr nicht hineinkommen. Durch euer Handeln trennt ihr euch selbst von der Gnade, und ihr könnt nicht das Haus meines Vaters betreten.

Dies bereitet mir großen Schmerz, aber an euch liegt es, Reue zu erwecken und aufzuhören, Irrtum auf Irrtum anzuhäufen. Die Beichtstühle sollten von denen belagert werden, die nach meiner Gnade und Barmherzigkeit verlangen. Zögert nicht! Geht heute noch hin, jetzt im Augenblick, wo ihr das leset, damit ihr eines Tages keine Rechenschaft über diese Sünden und diese Irrtümer ablegen müßt. Ich will euch nicht im ewigen Feuer zugrundegehen sehen; aber durch diese Hartnäckigkeit in der Sünde und eure Weigerung, Reue zu erwecken, trennt ihr euch selbst von mir. Sagt euch los von den Maßstäben dieser Welt, und tut das, wovon euer Herz euch sagt, daß es richtig ist, ohne es auf den nächsten Tag zu verschieben.

Heute ist der Tag, den der Herr gemacht hat; seien wir voll Freude und Frohlocken! Gebrauchet mit Weisheit eure Zeit, denn ihr wißt nicht, wann es für euch der Tag ist, Rechenschaft über das ablegen zu müssen, was ihr in eurem Leben getan habt; der Tag eures Todes hier auf Erden ist nämlich der Tag eures persönlichen Gerichts.

Meine Mutter hat dir und dem Priester noch andere Weisungen zu erteilen. Höre jetzt aufmerksam auf das, was sie sagt.»

Die Gottesmutter: «Mein Sohn hat dich zu diesem Apostolat auserwählt. Fahre fort, darum zu beten, daß es beginnt. Ich will nicht, daß der Priester allzu lange damit zögert, denn ich wünsche, daß dieses Apostolat sehr schnell beginnt, wie ich es dich bereits wissen ließ. Er muß begreifen, wie dringend es ist, daß diese Botschaft zu denen gelangt, denen ich sie weiterzugeben wünsche, nämlich zu jedem einzelnen, und nicht nur in diesem Land, sondern in allen Ländern der Erde. Sie werden meine Worte verstehen, wenn sie sie lesen, und sie werden dadurch angeregt werden, denn es ist mein Werk und nicht ein Werk von Menschenhand, sondern das meinige, die ich mich im Zustand der Verherrlichung befinde und ganz mit meinem Sohn vereint bin zur Ehre der Allerheiligsten Dreifaltigkeit.

Wir wünschen den Familien auf Erden zu Hilfe zu kommen; sie sind so sehr in Sünde und Irrtum verstrickt, daß sie durch deren Überhandnehmen vom wahren Leben abgeschnitten sind, so daß in manchen Ländern, wie dem deinigen, die Existenz der Familie selbst schon unmittelbar bedroht ist. Wie du es ja weißt, sind die Familie und das Priestertum die Zielscheibe Satans geworden, weil es sich hier um die erhabensten Berufungen handelt, durch die die meisten meiner Kinder zu mir in den Himmel kommen. Leider werden viele Kinder heute nicht einmal mehr in ihren Familien geboren, weil sie schon vor ihrer Geburt Waisenkinder sind und ihre Eltern es so entschieden haben, weil sie sie nicht wollen. Mein Herz leidet darunter so sehr! Habt eure Kinder lieb, und gebt ihnen ein dauerhaftes Zuhause, auf das sie ein Recht haben.

Legt sie ab, diese Mentalität der Welt, die euch einredet, euren Launen freien Lauf lassen zu müssen, und opfert euch für eure Familien. Die wahre Liebe ist die, die sich durch Opfer zu erkennen gibt. Die sinnlosen Vergnügungen haben keinerlei Wert. Sie könnten euer Untergang sein. Sucht nicht den materiellen Reichtum. Er ist ohne Wert und kann euch oft zum Schaden gereichen in eurem Bemühen, zu meinem Sohn zurückzukehren. Vergeßt das Irdische und sucht das Himmlische, welches unvergänglich ist, damit ihr dann, wenn ihr über alles Rechenschaft zu geben habt, euch darüber freuen könnt, daß ihr die Zeit eures Erdenlebens gut verwendet habt. Es wird von euch nicht verlangt, in allen Kleinigkeiten von skrupulöser Genauigkeit zu sein; es genügt, wenn ihr rechtschaffen lebt, wie es die Lehre der Kirche von euch verlangt. Das ist einfach und kann mit der Gnade Gottes ohne weiteres erfüllt werden, und er sorgt für all eure Bedürfnisse. Er hat euch die Aufgabe leicht gemacht, indem er die heiligen Sakramente der katholischen Kirche einsetzte. Ihr müßt aber Gebrauch von ihnen machen und Nutzen aus ihnen ziehen, sonst werden sie euch nicht helfen können.

Ich flehe euch an, ihr, die ihr das leset, entsagt der Finsternis der Sünde und bekleidet euch mit der Waffenrüstung des Lichtes, nämlich meinem Sohn, der in den Sakramenten eurer Kirche, der heiligen katholischen Kirche, zu euch kommt. Folget dem Beispiel des Heiligen Vaters, der euch mit Weisheit über all diese Dinge belehrt, und folgt dem kirchlichen Lehramt. Tut dies, und ihr werdet das Himmelreich gewinnen.

Ich bete für euch alle, damit ihr meinem Sohn eure Herzen öffnet, und zuallererst für die Gnade der Reue. Hört jetzt auf ihn, ehe es für euch persönlich zu spät ist, nämlich für jeden von euch.

Ich muß dich jetzt verlassen. Später werde ich erneut zu dir sprechen.»

Mariamante: «Mutter, ich liebe dich.»

Die Gottesmutter: «Ich liebe dich auch.»

Sonntag, 8. März 1987
22.30 — 23.15 Uhr

Gehorsam gegenüber dem Lehramt der Kirche

Vision des Jesuskindes:

Das Jesuskind: «Die Zeit der Passion, die du jetzt erleidest, ist die Todesangst in Gethsemane. Sage es dem Priester…

Ich bin traurig über das, was in dieser Hinsicht in der Kirche geschieht. Man gehorcht nicht meinen Geboten, so wie sie das Lehramt der Kirche vor Augen stellt. Die Verpflichtung, an die ich die Priester gebunden habe, als sie geweiht wurden, bestand im Gehorsam gegenüber dem kirchlichen Lehramt. Die Verwirrung, die heute überall herrscht, hat ihre Ursache in dem Mangel an Verständnis oder Mitwirkung an dieser Verbindung, die ich für sie hergestellt habe. Sie haben jedoch nichts zu fürchten außer der Sünde selbst.

Die einzelnen Bischöfe haben nicht die geringste Befugnis, sich über die Verlautbarungen des Lehramtes hinwegzusetzen, in keiner Weise, auch nicht in den geringfügigsten und unbedeutendsten Angelegenheiten. Es gibt nämlich nichts Unbedeutendes, wenn es sich um Dinge handelt, die die heiligen Mysterien meiner Kirche betreffen. Selbst wenn man euch glauben machen wollte, daß manche Punkte mehr oder weniger überarbeitet oder abgeändert werden sollten, so sage ich euch in aller Deutlichkeit, daß dies nicht geschieht und auch niemals geschehen wird! Alles, was das kirchliche Lehramt verkündet, ist von größter Wichtigkeit, besonders das, was sich unmittelbar auf die Spendung der Sakramente bezieht; das muß korrekt angewendet werden, in Übereinstimmung mit den besonderen Vorschriften, die der Heilige Vater dazu gibt, der mein Stellvertreter auf Erden ist, sowie das kirchliche Lehramt, denn es ist die Autorität des Lehrkörpers der Kirche. Ich möchte das ganz klar herausstellen, um der daraus entstehenden Verwirrung ein Ende zu machen, und worunter meine treuen Priester leiden. Sie werden keine innere Verwirrung und Qual erdulden, wenn sie das im Gedächtnis bewahren.»

An dieser Stelle unseres Gespräches wurden wir mehrmals durch meinen Sohn unterbrochen; da sagte das Jesuskind:

«Alles ist in Ordnung. Kümmere dich um dein Kind. Vergiß nicht, daß du durch die Erfüllung deiner täglichen Pflichten geheiligt wirst.»

Dann fuhr es fort:

Das Jesuskind: «Bemühe dich, inmitten von Widrigkeiten ruhig zu bleiben. Wenn du in den Prüfungen den Frieden zu bewahren vermagst, dann wirst du dadurch eine große Hilfe verspüren. Sei aufmerksam, wenn ich mit dir spreche. Halte deine Seele in Frieden und dein Gewissen klar. Ich gebe zu, es kann Augenblicke geben, wo das fast unmöglich scheint, und das ist der Fall, wenn du meine Passion erduldest, aber denke daran, daß du in Vereinigung mit mir und für das Heil vieler Seelen leidest; so wirst du in der nötigen Verfassung sein, um den Frieden zu bewahren.

Ich kann nicht häufig genug darauf hinweisen, wie wichtig es ist, in diesem Punkt einen klaren Kopf zu bewahren. So wirst du sogar mitten im Leiden den Frieden verspüren. Du hattest recht, daran zu denken. Ich weiß, daß dies nicht leicht ist, aber meine Kraft wird dich stützen. Es ist nicht leicht, allein zu sein, wenn man dem gegenübergestellt ist, was falsch ist, aber vergiß nicht, daß ich durch die Hohen Priester und Pharisäer gelitten habe. Sie waren es, die Pilatus gezwungen haben, mich kreuzigen zu lassen. Er war nämlich anfangs keineswegs geneigt, das zu tun, aber unter dem Druck der anderen hat er schlecht gehandelt, und er wußte es. Mache es nicht so wie er, in keiner Weise, auch nicht in Kleinigkeiten. Verleugne mich nicht, und auch nicht die Gesetze, die ich zu eurem eigenen Wohl und für das Wohl meines Volkes aufgestellt habe.

Ihr müßt zu leuchtenden Beispielen der Wahrheit werden, so wie ich sie verkündet habe, leuchtende Beispiele der Reinheit und des Gehorsams gegenüber der wahren Lehrautorität der Kirche. Ich weiß, daß in diesem Augenblick viele unter euch in dieser Hinsicht sehr zu leiden haben, aber seid stark, haltet aus, habt Mut und wartet auf den Herrn, und ich werde euch von allem Übel befreien, auch von jenem Übel, das in vielen Herzen verborgen ist, ohne daß sie darum wissen. Sie sind es, die meiner Kirche den größten Schaden zufügen können und es auch tun, sie, die von sich behaupten, die Wahrheit zu verkünden, in Wirklichkeit aber für die Lüge eintreten. Sie werden, wenn ihre Zeit gekommen ist, dafür um so mehr zur Rechenschaft gezogen werden, weil sie durch ihre Irrtümer viele von der Wahrheit abgewendet haben.

In gewissen Kreisen lebt man nicht mehr dem wahren Glauben entsprechend, und zwar wegen dieses modernen Phänomens, das darin besteht, unter meinen Wahrheiten und Lehren eine Auswahl zu treffen. Man wählt nur das aus, was man zu verstehen wünscht, und man bestreitet, daß es auch noch andere Lehren geben kann. Betet für sie. Sie brauchen eure Gebete. Durch eure Gebete und Leiden wird ihre Bekehrung herbeigeführt.

Das ist alles für jetzt.»

Mariamante: «Kleiner Herr Jesus, bitte hilf meinem Mann!»

Das Jesuskind: «Ich werde es tun. Ich habe schon angefangen, wie du siehst. Er leistet noch Widerstand, aber das Schlimmste ist vorbei.»

Mariamante: «Danke, Herr!»

Das Jesuskind: «Bete heute für die Priester deinen Rosenkranz zu Ende.»

Montag, 9. März 1987
11.00 — 11.30 Uhr

Das Gebet ist eure Antwort

Vision des Jesuskindes:

Das Jesuskind: «Wie du sehen kannst, werden die Schwierigkeiten und Widerstände, die das Kommen zu mir im Allerheiligsten Altarssakrament verhindern, immer größer. *Das ist die unmittelbare Folge des Mangels an Liebe, die man mir im Allerhei-*

ligsten Altarssakrament entgegenbringt. Die Kirchen sind jetzt sogar während des Tages zugeschlossen, und diejenigen meiner Kinder, die mir eine wahre Liebe im Allerheiligsten Altarssakrament entgegenbringen, haben immer größere Schwierigkeiten, zu mir zu kommen. Wie traurig ist das! Es wäre nicht nötig gewesen, die Kirchen zuzuschließen, wenn sie voll gewesen wären, wie es jetzt eigentlich der Fall sein müßte, in dieser Zeit der Krise und des Unheils.

Kommt zurück zu mir, in der Zeit der Krise mehr noch als zu anderen Zeiten! Viele Leute verbringen ihre Zeit damit, stundenlang untereinander über ihre Probleme zu sprechen, aber wenn sie nur die Hälfte dieser Zeit mit mir vor dem Allerheiligsten Altarssakrament zubringen würden, dann wären alle ihre Probleme gelöst. Ich sage gelöst, und zwar in dem Sinne, daß sie dann die Kraft hätten, ihre Kreuze zu tragen, in manchen Fällen würden sie ihnen sogar fortgenommen, es sei denn, es würde zur Vervollkommnung ihrer Seele dienen, daß sie sie tragen. Es gibt viele, die unnötige Lasten tragen, weil sie nicht zu mir kommen. Sie suchen menschliche Lösungen, die aber gibt es nicht.

Nur ich allein kann euch wirklich helfen. Ihr müßt es rechtzeitig lernen, wenn ihr wirklich mir und nicht der Welt angehören wollt. Warum wird angesichts der Probleme so viel geredet? Das Gebet ist eure Antwort, und nicht das ständige Reden und nicht das dauernde Wiederholen immer der gleichen Dinge. Die moderne Tendenz, die sich bemüht, jedes Elend in der Gruppenarbeit zu bekämpfen, ist keineswegs notwendig, wenn ihr mich wirklich liebtet und mit all eurem Elend zu mir kommen würdet. In vielen Fällen sind diese Gruppen sogar ein Hindernis für das geistliche Wachstum meiner Kinder, da sie dadurch von diesen Programmen und von den Leuten abhängig werden, statt mir und meiner Mutter anzuhangen. Gott allein kann euch wirklich helfen, so wie es nötig ist, und alles wird möglich durch die Fürsprache meiner Mutter. Nehmt eure Zuflucht zu ihr in euren Bedürfnissen und Sorgen. Mit ihr sollt ihr über euer Leid sprechen, aber nicht untereinander. Bittet im Gebet um Hilfe und Führung. Denkt an die anderen, und betet für die Welt. Dadurch werdet ihr den Frieden und die Freude empfangen, nach denen ihr strebt. Es ist nicht notwendig, nutzlose Unterhaltungen zu führen und ganze Stunden mit müßigem Gerede zuzubringen, das ist oft sogar eine Gefahr für die Seele. Wann werden meine Kinder das endlich begreifen? Sie suchen Antworten bei den anderen, obwohl sie sie dort nicht finden. Ich allein vermag ihnen die Antworten zu geben, die ihrem Geist und ihrem Herzen den Frieden geben können.

Die Unruhe, von der die heutige Generation hin- und hergeworfen wird und die ihr den inneren Frieden nimmt, hat ihre Ursache in der Sünde, der Sünde in all ihren Formen. Die Sünde, die nicht gebeichtet worden ist, nimmt euch den Frieden. Geht zur Beichte! Besucht mich im Allerheiligsten Altarssakrament, und wendet euch im Gebet zu meiner Mutter, besonders in ihrem Rosenkranz, dann werdet ihr den Frieden haben. Und wenn ihr wirklich aus ganzem Herzen zu mir kommen wollt, dann gebt euch vollständig mir hin, durch die Antwort, die ihr mir gebt, mir und meinen Forderungen. Ich werde euch einen Frieden und eine Freude schenken, die jedes Verstehen übersteigt. Betet für den Frieden in der Welt, für den Frieden der Herzen, für den Frieden des Geistes, für den Frieden der Seele, und damit habt ihr wirklich den Frieden in der Welt. In euren eigenen Herzen wird er beginnen.

Meine Mutter hat euch in Fatima den Weg gezeigt, indem sie aufs neue auf meine Botschaft im Evangelium hingewiesen hat. Hört auf sie, führt ein Leben, wie es dem Evangelium entspricht. Werft eure unnützen Sorgen ab und vertraut auf mich und meine Mutter. Wir werden große Dinge in euch vollbringen, wenn ihr es uns erlaubt, eure Zustimmung ist nämlich nötig. Bittet im Gebet um die schnelle Bereitschaft, den Willen meines Vaters zu erfüllen, und es wird euch gewährt. Aber noch einmal, ihr müßt darum bitten, um es zu erlangen, denn es ist etwas sehr Schönes und sehr Kostbares, und es muß erbeten werden. Ihr wißt es ja, Gott hat es so angeordnet, daß das Gebet die Voraussetzung ist, um all das zu empfangen, was euch im Bereich des geistlichen Lebens gewährt werden kann.

Bittet und ihr werdet empfangen, suchet und ihr werdet finden, klopfet an und es wird euch geöffnet werden. Tut das, und ihr werdet empfangen, ja, mehr noch, ihr werdet sogar im Überfluß empfangen! Erbittet die Tugenden meiner Mutter, die sieben Gaben des Heiligen Geistes, und sie werden euch gegeben werden. Amen, ich sage euch, das Himmelreich gehört den Betenden! Betet, und ihr werdet es erlangen. Betet, und ihr werdet mehr erlangen, als ihr euch in der Enge eurer Herzen vorstellen könnt. Ich segne euch alle aus ganzem Herzen.»

Dienstag, 10. März 1987
18.00 — 18.30 Uhr

Kontemplatives und geistiges Gebet

Vision des Jesuskindes:

Das Jesuskind: «Fahre fort, den Kreuzweg zu beten, in der Fastenzeit und wenn möglich auch während des Jahres, besonders am Freitag. Diese traditionellen Andachten sind mir und meinem Vater sehr wohlgefällig. Die Notwendigkeit zu intensivem Gebet wird immer größer, und zwar in dem Maße, daß ich wünsche, alle meine geliebten Kinder würden den größten Teil ihrer Tage im Gebet zubringen, denn es ist das wirksamste Mittel, um die Seelen zu retten. Das wird für diejenigen nicht schwer sein, die bereits die Praxis des geistigen oder kontemplativen Gebetes beherrschen. Viele meiner Kinder verstehen diese erhabene Form des Gebetes nicht, durch das ich mehr geehrt werde als durch eine bloße Anhäufung von Worten. Meine Heiligen haben es verstanden und haben sich dieser Form des Gebetes den ganzen Tag über gewidmet. Sobald man nämlich die Freude entdeckt hat, die diese Form des Gebetes mit sich bringt, wird es schwierig sein, mit dem mündlichen Gebet fortzufahren.

Wenn es für meine Kinder auch notwendig ist, den Rosenkranz zu beten, besonders in diesen schwierigen Zeiten, so wünsche ich doch, daß sie sich auf den Wegen des Gebetes weit mehr bemühen. Sie sollten, um es genau zu sagen, ganze Stunden im Gebet für die Welt verbringen, so viele, wie es ihnen ihre Standespflichten nur eben erlauben. Wenn ihr das kontemplative Gebet versteht und das geistige Gebet während des ganzen Tages verrichtet, dann bleibt ihr mit mir vereint, während ihr gleichzeitig eure täglichen Pflichten erfüllt. So möchte ich euch haben, so will ich, daß euer Leben sei, ganz vom Gebet erfüllt!

Ich kann nicht oft genug darauf hinweisen, wie wichtig das ist für jene, die nach der Vollkommenheit streben, welche die meines Vaters ist und von der ich auf Erden gesprochen habe. Seid vollkommen, wie auch euer himmlischer Vater vollkommen ist. Ich werde dir dabei helfen, sogar in den geringfügigsten Bemühungen, die du in diesem Sinne vollbringst. Dein Gott ist ein freigebiger Gott. Er will alles zu deinem Besten, aber du mußt zustimmen und mit der Gnade mitwirken, um diese Dinge zu vollbringen. Leiste dem, was ich für dich will, keinen Widerstand.

Diejenigen unter euch, die Hausfrauen sind, werden erkennen, daß das kontemplative und geistige Gebet sehr gut mit ihrer Lebensform übereinstimmt. Viele Laien werden auch erkennen, daß es sehr gut mit ihren Berufspflichten am Arbeitsplatz zu vereinbaren ist, besonders, wenn es sich um eine mechanische oder körperliche Arbeit handelt. Ihr dürft nicht denken, daß diese Form des Gebetes nur für diejenigen geeignet ist, die in den Klöstern leben. Sie ist für alle meine Kinder bestimmt, die gewillt sind, sich ihr zu widmen. Die Seelenführung ist ein anderer Aspekt deines Lebens, auf dem du vorwärtsschreiten mußt, wenn du zu dieser Vollkommenheit gelangen willst, selbstverständlich nur in der Kraft meiner Gnade. Erwählt euch heiligmäßige Priester, um euch auf diesem Weg zu leiten. Ihr werdet eine große Hilfe durch sie erfahren.

Ich hoffe, daß viele von euch sich sehr bald entschließen werden, diesen Weg zu befolgen, jetzt, wo ich meine Gnaden über die Erde ausgieße, die denen zugute kommen werden, die darum bitten. Die Fürsprache meiner Mutter ist so mächtig, daß alles, um was ihr sie bittet, euch fast augenblicklich gegeben wird, wenn es für eure Seelen nützlich ist, sowie zu eurem Fortschritt in der Heiligkeit und zur Ehre Gottes. Tut alles zur Ehre Gottes, der euch so sehr liebt!

Gehe jetzt, um dich deinen Kindern zu widmen; ich werde später wieder zu dir sprechen. Auch meine Mutter wünscht später mit dir zu sprechen. Gehe jetzt.»

Am gleichen Tag, später
Dienstag, 10. März 1987
18.40 Uhr

Meine Sendung

Vision der Gottesmutter, die einen weißen Schleier trägt:

Die Gottesmutter: «Was den Priester betrifft, so weiß ich, daß er im Augenblick große Schwierigkeiten hat, aber er darf sich nicht dieser Aufgabe entziehen, die ich ihm anvertraue. Er muß verstehen, daß sie jetzt den Vorrang in seinem Leben hat, denn ich bin es, die ihn dazu beruft. Er soll jetzt andere Aufgaben von geringerer Bedeutung beiseite lassen und sich mehr dieser Sendung widmen. Ich betone deren Wichtigkeit, damit er voll Eifer die Aufgabe erfüllt, zu der ich ihn berufe. Sie kann zu gewissen Zeiten schwierig erscheinen, aber alles Große ist zu gewissen Zeiten schwierig. Das macht dessen Wert nur um so größer.

Ich will, daß er schnell das Notwendige veranlaßt, um Verbindung zu jenen Personen aufzunehmen, die ich ihm bereits genannt habe. Er muß es tun, damit dieser Plan verwirklicht werden kann. Ich verstehe die Schwierigkeiten des täglichen Lebens, aber ich gebe niemals einem meiner Kinder einen Auftrag, der nicht ausgeführt werden kann.

Gehe jetzt und setze dich heute abend mit dem Priester in Verbindung.»

Freitag, 13. März 1987
9.10 — 9.45 Uhr

Liebt meine Mutter, und damit liebt ihr mich

Vision des Jesuskindes:

Das Jesuskind: «Zusammen mit meiner Mutter ist alles ein ewiger Frühling. Ihr werdet das mehr und mehr erkennen, je nach dem Maße eures Fortschreitens. Sie hat für euch ein wahres Paradies in ihrem Herzen geschaffen. Geht zu ihr, wenn sie euch ruft. Folgt ihren Eingebungen. Sie wird euch immer zu mir führen. Ich weiß, daß viele Leute Bedenken haben, meine Mutter anzurufen, weil sie fürchten, damit ihre Liebe zu mir in irgendeiner Weise zu schmälern. Wie falsch ist das! Sie verstehen nicht den Sinn der Liebe. Sie würden niemals so denken, wenn sie das Innerste meines Wesens verstehen würden. Ich bin niemals eifersüchtig auf meine Mutter, denn ich habe es doch so geplant, daß sie eure Fürsprecherin ist. Es ist mein ausdrücklicher Wunsch, daß es so sei.

Ich habe es dir doch schon vor Jahren gesagt: "Im Himmel gibt es keine Eifersucht" und: "Die Seelen sind nicht würdig, unmittelbar zu mir zu kommen; sie müssen den Weg über ihr Unbeflecktes Herz nehmen." Ich hoffe, daß viele das lesen werden und sich von diesem Irrsinn abwenden, den ihr Widersacher, der Teufel, verbreitet hat.

Habt niemals Bedenken, bei jeder Gelegenheit zu meiner Mutter eure Zuflucht zu nehmen. An sie müßt ihr euch wenden, und sie wird euch zu mir führen.

Wenn eine Seele mit meiner Mutter vereinigt und fest in ihrem Herzen verankert ist, dann kann ich ihr nichts verweigern, so wohlgefällig ist sie mir. Ihre Fürsprache ist es, die mir diese Seelen wohlgefällig macht, da sie sie von allem Weltlichen reinigt und sie nach meinem Bilde formt, so wie auch ich selbst durch die Kraft des Heiligen Geistes in ihrem Schoße geformt worden bin. Ja, mehr noch, *sie* war notwendig, damit die Fleischwerdung sich vollziehen konnte; ebenso ist sie notwendig, damit eure persönliche Erlösung und eure Rückkehr zu mir stattfinden kann. Sie ist die Pforte des Himmels, durch die ich zu euch gekommen bin und durch die ihr zu mir kommen werdet. Der Protestantismus, der sich sogar in meine Kirche eingeschlichen hat, nämlich in die katholische Kirche, die ich gegründet habe, ist nichts anderes als "Protestantismus"! Dies ist nicht die katholische Wahrheit. Man begeht einen Irrtum, die Rolle meiner Mutter zu schmälern in ihrer Bedeutung für euer Heil und das Heil der Welt. Sie war und ist von vorrangiger Bedeutung für alle Gesichtspunkte der Erlösung, denn es hat mir gefallen, auf diesem Wege zu euch zu kommen, und es gefällt mir, daß ihr auf diesem gleichen Wege zu mir kommt, nämlich durch die Vermittlung der Allerseligsten Jungfrau Maria, meiner Mutter und eurer Mutter.

Sie ist die Königin aller Heiligen, die Königin der Engel und die Königin des Himmels und der Erde. Sie wird euch zum Himmel führen, wenn ihr es ihr erlaubt. Ich leide unter all dem Widerstand gegen die Botschaft meiner Mutter, sowohl hier wie auch in Fatima und bei so vielen ihrer Erscheinungen. Sie legt Fürsprache für euch ein und ruft euch zum Mitwirken auf, aber so viele hören gar nicht hin. Sie müssen die Prioritäten in ihrem Leben neu überdenken und den himmlischen Dingen den ersten Platz geben, statt sie in den Hintergrund zu schieben. Wenn sie zu euch spricht, dann hört hin und laßt euch belehren, denn es ist mein Wille, daß sie zu euch kommt und zu euch spricht. Wenn ihr ihre Botschaft ablehnt, dann lehnt ihr damit mich ab, denn ich bin es, der sie gesandt hat.

Merkt euch das gut. Es ist eine Warnung, die ich an euch richte: Meine Mutter muß in euren Herzen gut aufgenommen werden, anderenfalls werde ich euch nicht erlauben, mein Reich zu betreten. Diejenigen, die denken, man könnte in gewisser Weise auf sie verzichten, begehen einen großen Irrtum und müssen ihre Haltung neu überdenken. Sie müssen sich, was diesen Punkt betrifft, von ihrem Starrsinn bekehren, damit ihre Liebe vollständig werde, so wie ich sie von Anfang an für alle Geschöpfe gewollt habe. Liebt meine Mutter, und ihr werdet mich lieben, so wie der Vater es in seinem Plan der Liebe gewollt hat.

Gehe jetzt und bereite neue Notizen für den Priester vor. Meine Mutter wird später erneut zu dir sprechen. Ich liebe dich, und ich segne dich aus ganzem Herzen.»

Samstag, 14. März 1987
24.20 Uhr

Setze dein Vertrauen nur in mich und meine Mutter

Vision des Jesuskindes:

Das Jesuskind: «Ich weiß, daß du Schwierigkeiten hast, mit dem Rosenkranzgebet fortzufahren. Ich habe dir schon die Erklärung dafür gegeben.[27] Beunruhige dich nicht darüber, sprich vielmehr mit dem Priester darüber.

Es gehört zu den Forderungen meiner Liebe, daß all diejenigen, die mit mir vereinigt sind, sich über die Dinge dieser Welt erheben, einschließlich aller Engherzigkeit, die sich manchmal in eurer menschlichen Natur zu erkennen gibt. Ich wünsche, daß ihr alle euch über diese Unvollkommenheiten erhebt und daß ihr euer Vertrauen nur auf mich und meine Mutter setzt. Ich sage jetzt weiter nichts hierzu und hoffe, daß ich nicht mehr darauf zurückkommen muß. Das Thema, das ich heute behandeln möchte, ist die Keuschheit und die Art und Weise, sich ihr entsprechend zu verhalten.»

In diesem Augenblick gab es eine lange Unterbrechung. Danach erhielt ich die Anweisung, mit meinem Seelenführer zu telefonieren, was ich unverzüglich tat.

27 Erfahrung des kontemplativen Lebens. Mariamante.

Sonntag, 15. März 1987
17.30 — 18.33 Uhr

Die Schönheit der Keuschheit

Vision des Jesuskindes:

Das Jesuskind: «Der Herr übt Vergeltung mit einem zweischneidigen Schwert, und die Rache ist mein, sagt der Herr. Diejenigen, die in ihren ständig wiederholten Versuchen das Leben zu verhindern trachten, haben ihren Leib verstümmelt und müssen unbedingt Reue erwecken. Sie haben auf grauenhafte Weise gesündigt und müßten fortan in Keuschheit leben, um ihre Sünden zu sühnen. Betrachte den traurigen Zustand, in den diese Sünde die heutige Gesellschaft geführt hat, besonders hinsichtlich der Kinder, die deren Opfer sind, Opfer in dem Sinn, daß ihnen zwar nichts an materiellen Dingen fehlt, denen es aber an Liebe mangelt, weil sie keine Brüder und Schwestern haben. Ihre Eltern haben die Zerstörung des Lebens beschlossen, noch ehe es begonnen hat; sie haben einen Leerraum um die wenigen herum geschaffen, die bei diesen Konventionen des modernen Denkens überlebt haben. Die Kinder leiden unter Einsamkeit, unter dem Mangel an Liebe zu ihnen und unter allem, was unmittelbar das Resultat dieser Verirrung ist. Die Weigerung, das menschliche Leben weiterzugeben, wobei lachhafte und keineswegs stichhaltige Gründe vorgegeben werden, ist ein Frevel gegen die göttliche Ordnung; und damit wird man unmittelbar verantwortlich für so viel Sünde und Leid, wovon ihr heute Zeugen seid.

Wie könnte man das menschliche Leben mit materiellen Dingen auf eine Stufe stellen? Das Unbelebte ist nichts im Vergleich zu dem, was ewig ist, nämlich die menschliche Seele! Welche Verdrehung der Werte! Und dennoch gibt es so viele, die das für richtig halten; jeden Tag werden es mehr, die dem Druck erliegen, den dieser zerstörerische Irrtum ausübt, der außer Kontrolle geraten ist, so daß man diejenigen, die meiner eigenen Kirche angehören, kaum noch von denen zu unterscheiden vermag, die nicht die Wahrheit besitzen, denn sie eignen sich die gleichen Methoden an und den gleichen hedonistischen Lebensstil, der nur an das Genießen denkt. Was für eine Schande! Sie müssen bereuen, und zwar schnell!

Die Keuschheit ist etwas sehr Schönes und Erhabenes, die auf ganz besondere Weise das Herz befreit und es ihm ermöglicht, mit göttlicher Liebe zu lieben. Ich vertraue alle diejenigen meiner Mutter an, die sich in Schwierigkeiten befinden, und jene, die zu einem Leben der Keuschheit berufen sind; meine Mutter wird ihre Fürsprecherin und ihr Halt sein in den Zeiten der Prüfungen und der Versuchungen. Sie, die vom ersten Augenblick ihrer Existenz an ganz rein gewesen ist, wird ihnen auf vielerlei Weise beistehen und ihnen helfen, alle Schwierigkeiten zu überwinden, mögen sie auch noch so groß sein. Sie ist es, die ich dazu auserwählt habe, euer Vorbild auf diesem Gebiete zu sein, damit diese durch ihr zuchtloses Leben so verkommene Generation durch ihre Fürsprache und ihr Beispiel sich über die Maßstäbe der Welt zu erheben vermag. Ohne ihre Fürbitte wären jetzt schon viele verloren gegangen, denn die Lage ist ernst. Die Sittenlosigkeit ist ganz außer Kontrolle geraten, und die ganze Gesellschaft hat darunter zu leiden.

Die Schönheit und Erhabenheit der Keuschheit und der Bescheidenheit wird während der Herrschaft des Unbefleckten Herzens meiner Mutter wieder zu Ehren kommen, so daß die ganze Welt das Licht sehen wird, mit dem sie den Weg erleuchtet, der zu mir und zu eurer himmlischen Wohnstatt führt.

Meine Kinder leiden sehr unter diesen Irrtümern, durch die die Gedanken und Sitten verwüstet worden sind. Ich wünsche für euch einzugreifen. *Sie müssen mich unter dem Bilde des Heiligsten Herzens ehren*, und ich werde ihnen helfen, die gefährlichen Wunden zu heilen, die sich bis in die Familien hinein ausgebreitet haben. Ich spreche von Wunden im Sinne von Unmoral und Schamlosigkeit. Eure Heimstätten werden sich des Friedens erfreuen, wenn sie von dieser Tyrannei befreit worden sind, und ihr werdet mich auf diese Weise ehren. Stellt eure Heimstätten und eure Kinder unter den Schutz meines Bildes und des Heiligsten Herzens. Tragt eine Medaille des Heiligsten

Herzens, und gebt meinem Bild einen gut sichtbaren Platz in euren Heimen, und ich werde euch überreichlich segnen. Es sind nur wenige, die wirklich erkennen und verstehen, welche Macht ich dieser Andachtsform verliehen habe, die darin besteht, mich auf diese Weise zu ehren. Wenn sie darum wüßten, würden sie sie ohne Zweifel ausüben. Noch einmal sage ich es euch, führt diese Übungen wieder ein, die ich in der Vergangenheit zu eurem Heil und zu eurem Schutz geoffenbart habe. All die vielen Andachtsformen, die im Lauf der Jahrhunderte weitergegeben und durch meine Kirche gutgeheißen wurden, sollten wieder beobachtet werden und sich ausbreiten, um das Böse einzudämmen, das heute wie ein hungriger Löwe im verborgenen auf der Lauer liegt und darauf wartet, alle diejenigen zu verschlingen, die ihm zum Opfer fallen. Ergreift die Waffen der Heiligkeit und alles dessen, was heilig ist, nämlich meine Sakramente und die Andachtsformen, damit nicht auch ihr dem Bösen zum Opfer fallt. Der Rosenkranz meiner Mutter, das Skapulier und die Verehrung des Heiligsten Herzens versichern euch des besten Schutzes und des größten Beistandes, bis ihr dadurch zu einem hohen Grad der Heiligkeit geführt werdet.

Ich wünsche, daß alle meine Kinder sich der Andachtsform der ersten neun Freitage[28] *widmen als Sühne für die Sünden, ebenso wie auch der der ersten fünf Samstage*[29] *zu Ehren meiner Mutter, um endgültig die Flut des Bösen einzudämmen, die sich über die Welt verbreitet. Wenn meine Jünger diese beiden monatlichen Andachtsformen im Glauben praktizieren, dann wird es durch sie allein möglich sein, diesen Kampf zu gewinnen, so groß ist ihre Macht, um der göttlichen Gerechtigkeit Genugtuung zu leisten und die Ausrottung der Sünde und des Bösen zu ermöglichen.* Sei ausdauernd in der Übung dieser Andachtsformen, und es werden dir wirklich Flügel der Liebe wachsen, um dich zu mir zu erheben, wie du es im Gebete erflehst. Ihr werdet es lernen, mich so zu lieben, wie ich geliebt zu werden wünsche, nämlich für immer in meiner mit der Menschheit vereinigten Gottheit, aus Liebe zur Menschheit.

Liebt mich mit der gleichen Liebe, mit der ich euch geliebt habe, und die mich alles hingeben ließ aus Liebe zu euch. Gebt mir alles, und ich werde euch alles zurückerstatten, weit mehr, als ihr es euch vorstellen könnt. Es gibt keine größere Wahrheit als die Liebe selbst; alle meine Gebote sind in der Liebe zu Gott und zum Nächsten zusammengefaßt. Wenn ihr mir nachfolgen

---

28 Die Verehrung beinhaltet den Empfang der heiligen Kommunion jeweils am ersten Freitag von neun aufeinanderfolgenden Monaten als Sühne für die dem Heiligsten Herzen Jesu zugefügten Beleidigungen. Hier sind die zwölf Verheißungen, die der Herr der heiligen Marguerite-Marie Alacoque anvertraut hat und die für jene gelten, die sein Heiligstes Herz verehren: 1. Ich werde ihnen alle für ihren Lebensstand notwendigen Gnaden geben. 2. Ich werde den Frieden in ihren Familien herstellen. 3. Ich werde sie in all ihren Leiden trösten. 4. Ich werde während ihres Lebens und besonders bei ihrem Tode ihr sicherer Zufluchtsort sein. 5. Ich werde alles, was sie unternehmen, in überreichem Maße segnen. 6. Die Sünder werden in meinem Herzen die Quelle und den unermeßlichen Ozean meiner Barmherzigkeit finden. 7. Die gleichgültigen Seelen werden Eifer erlangen. 8. Die eifrigen Seelen werden sich zu einer großen Vollkommenheit erheben. 9. Ich werde die Häuser segnen, in denen das Bild meines Heiligsten Herzens aufgestellt und verehrt wird. 10. Ich werde den Priestern die Gabe verleihen, die verhärtetsten Herzen zu rühren. 11. Die Personen, die diese Andacht verbreiten, werden ihren Namen in meinem Herzen verzeichnet finden, und er wird niemals ausgelöscht werden. 12. Ich verspreche ihnen, im Überfluß der Barmherzigkeit meines Herzens, daß meine allmächtige Liebe all jenen, die an den ersten Freitagen von neun aufeinanderfolgenden Monaten die heilige Kommunion empfangen, die Gnade, sich am Ende (ihres Lebens) im Zustand der Reue zu befinden, so daß sie beim Tode nicht von mir getrennt sind und nicht ohne den Sakramentenempfang sterben und daß mein Herz in ihrer letzten Stunde ihr sicherer Zufluchtsort sein wird. Ed.

29 Dies ist die Botschaft von Schwester Lucia vom Unbefleckten Herzen (die Seherin von Fatima) vom 10. Dezember 1925, was die fünf ersten Samstage betrifft: Das Jesuskind: «Habe Mitleid mit dem Herzen deiner heiligen Mutter; es ist ganz von Dornen umgeben, mit denen undankbare Menschen es ihr in jedem Augenblick durchbohren; und niemand ist da, der Sühne leistet, um sie zu entfernen.» Danach sagte die Gottesmutter: «Siehe mein Herz, meine Tochter, es ist ganz von Dornen umgeben, mit denen undankbare Menschen es durch ihre Gotteslästerungen und Undankbarkeiten jeden Augenblick durchbohren. Versuche wenigstens du, mich zu trösten und sage es allen, daß diejenigen, die fünf Monate lang an jedem ersten Samstag zur Beichte gehen und die heilige Kommunion empfangen, einen Rosenkranz beten und mir fünfzehn Minuten lang Gesellschaft leisten, wobei sie in der Absicht der Sühneleistung über die Geheimnisse des Rosenkranzes meditieren, auf meine Verheißung zählen können, daß ich ihnen in der Stunde ihres Todes mit allen für das Heil ihrer Seelen notwendigen Gnaden beistehen werde.»
+ Die Beichte soll in jenen acht Tagen erfolgen, die der heiligen Kommunion vorangehen oder ihr folgen. Ed.

wollt, dann liebt mich, so wie ich euch geliebt habe. Gebt euch selbst für die anderen hin, und zwar aus Liebe zu Gott. Möge der Friede mit euch sein, ihr meine Brüder und Schwestern in der Liebe, die uns vereint. Durch mein Opfer auf dem Kalvarienberg seid ihr von Gott an Kindes Statt aufgenommen worden. Verhaltet euch entsprechend! Das ist alles für jetzt. Gehe in Frieden!»

Montag, 16. März 1987
gegen 15.00 Uhr

Königin aller Herzen

Vision der Gottesmutter, die das Jesuskind in ihren Armen trägt:

Die Gottesmutter: «Mein Kind, ich habe dich nicht vergessen, selbst wenn es manchmal so aussehen mag. Ich vergesse niemals auch nur ein einziges meiner Kinder, die mir so teuer sind. Ich möchte nicht, daß du dir darüber Gedanken machst, wie oft du mich, und wie oft du meinen Sohn siehst. Wir teilen dir bestimmte Wahrheiten mit, damit die in ihnen enthaltene Weisheit vielen Menschen zum Nutzen gereicht.

Ich hoffe, daß der Priester schnell handeln wird, wie ich es ihm aufgetragen habe. Ich habe zu diesem Thema genug gesagt, und ich möchte nicht mehr hierauf zurückkommen, es sei denn, um darauf hinzuweisen, daß alle meine Kinder im Gebet darum bitten sollten, daß der Wille Gottes schnell erfüllt werden möge.

Es schmerzt mich zu erfahren, daß so viele meiner Kinder so wenig zur Mitarbeit mit mir bereit sind und sich manchmal nur so zögernd dazu entschließen, das zu tun, was ich von ihnen verlange, obwohl sie sich dazu doch oft nur ein ganz klein wenig anzustrengen brauchten. Ich wünsche, daß alle meine Priester, das heißt, die, die mir ergeben sind, besonders diejenigen, die der Priesterbewegung M... angehören, schnell dazu bereit seien, meinen Forderungen zu entsprechen, so, wie ich sie in dem Buch, das du kennst, ausführlich dargelegt habe. Ich möchte, daß alle meine Kinder aus allen Gesellschaftsschichten mir jetzt ihre Aufmerksamkeit schenken, auch in Bezug auf das, was ich durch die Dinge des alltäglichen Lebens zu ihnen sage. In den ganz konkreten Gegebenheiten ihres Lebens werden sie erkennen, um was ich sie bitte. Wenn ihr zu der einen oder anderen Form des Apostolates berufen seid, dann sollt ihr euch der damit zusammenhängenden Pflichten bewußt sein. Erfüllt eure Aufgaben als Mitarbeitende, ohne bei dem Einsatz, der von euch verlangt wird, nachzulassen; tut alles eifrig und voll Freude, und seid euch dessen bewußt, daß ihr dadurch meinem Triumph zum Siege verhelft.

Ich will, daß alle meine Kinder sich dessen bewußt sind, daß jedes von ihnen mir kostbar und lieb ist und eine Aufgabe zu übernehmen hat, die niemand anders zu erfüllen vermag und die eigens von mir ausgewählt worden ist. Sie dürfen sich nicht davon beeindrucken lassen, wenn etwa zu gewissen Zeiten bei anderen außergewöhnliche Dinge geschehen, selbst wenn diese ihnen nahestehen; im Gegenteil, sie müssen die unerschütterliche Gewißheit bewahren, daß mein Sohn und ich sie lieben, denn so, wie sie geschaffen worden sind und wie mein Unbeflecktes Herz sie zu ihrer besonderen Sendung und Berufung formt, sind sie einmalig und schön.

Ihr sollt niemals die Wege Gottes in Frage stellen. Es sind nicht eure Wege, und sie übersteigen bei weitem euer Verständnis. Seid zufrieden mit dem, was Gott euch gibt, und tut, was er in der Erfüllung der täglichen Pflichten von euch verlangt, und so werdet ihr die Vollkommenheit erlangen, zu der ihr berufen seid, und zwar in eurem jeweiligen Lebensstand und in eurer besonderen Situation. Seid niemals neidisch oder eifersüchtig auf die anderen, und denkt daran, daß ihr oft gar nicht wißt, welche verborgenen Kreuze sie tragen. Diejenigen, die große Gaben von Gott empfangen, haben häufig auch schwere Kreuze zu tragen; oft ist es ihnen unmöglich, darüber zu sprechen, und sie ziehen es vor zu schweigen, um dadurch ihre Verdienste zu vermehren. Das ist eine gute Übung, die Gott sehr wohlgefällig ist. Wenn ihr euch nämlich über eure Kreuze beklagt, dann geht euch das damit verbundene Verdienst verloren; es wird euch in dem Grade verringert, wie ihr euch wehrt. Ihr wißt es ja, wenn viel gegeben worden ist, dann wird auch viel erwartet.

Ich erwarte von allen meinen Kindern, daß sie den Forderungen entsprechen, die mein Sohn an sie stellt, indem er sie zu der erhabenen Berufung erwählt, Mitglieder des mystischen Leibes zu sein, und daß sie sich jederzeit entsprechend verhalten, in ihren Gedanken, Worten und Werken. Es gibt eine gewisse Unentschlossenheit und Lauheit, die man selbst bei denen toleriert, die mir in besonderer Weise teuer sind, was dann dazu führt, daß sie sich auf eine Art und Weise verhalten, die kaum mit dem Weg der Vollkommenheit zu vereinbaren ist, wozu ich selbst sie jetzt berufe und wozu mein Sohn sie in der Vergangenheit berufen hat. Warum zögert ihr, wenn Gott euch ruft? Macht euch auf den Weg im Vertrauen auf seine Kraft und seine Liebe zu euch. Er gibt euch alle nötige Hilfe, um das zu erfüllen, was er von euch verlangt. Es ist auch ganz überflüssig, daß ihr euch in unnützen Gedankengängen verliert und euch fragt, wie die Sache wohl ausgehen mag, die ihr in seinem Namen und zu seiner Ehre etwa unternehmen könnt, noch ehe ihr in dieser Sache auch nur einen Finger gerührt habt.

Ihr werdet mich fragen, wie ihr es denn wissen könnt, welches sein Wille für euch ist und wie ihr den Zeitpunkt erkennen könnt, an dem ihr ihn erfüllen sollt. Ihr werdet es auf vielerlei Weisen erkennen; es würde zu weit führen, sie alle aufzuzählen: wenn ihr handelt, wie euer Gewissen es euch sagt; wenn ihr auf alltägliche Ereignisse und Zeichen achtet, besonders auf das, was sich euch im jeweiligen Augenblick zeigt. Sorge dich nicht darum, alle Einzelheiten zu erfahren, denn alles ist schon vorgesehen für dich. Du hast nichts anderes zu tun, als freudig und mit großmütigem Herzen zuzustimmen.

Ich werde dir für den Augenblick nichts weiter sagen, denn mein Sohn möchte zu dir sprechen.»

Jesus: «Meine Mutter ist die Königin aller Herzen. Ehre sie unter diesem Titel, denn das wird dir helfen, sie in deinem Herzen zu tragen. Sie ist das Vorbild, das Urbild, und ich möchte, daß ihr ebenso seid. Die Tugenden, die in ihr in so überreichem Maße erstrahlen, lassen sich auch bei denen erkennen, die mit ihr verbunden sind und sie in ihrem Herzen tragen, je nach dessen Aufnahmefähigkeit. Was ich jetzt von euch verlange, ist, daß ihr alle darum betet, um diese Tugenden zu erlangen und auf diese Weise vorbereitet seid, mich in euren Herzen aufzunehmen.

Ich will, daß du dich jetzt um deine Kinder kümmerst. Der Frieden herrsche in euren Heimstätten!»

Mariamante: «Kleiner Herr Jesus, wie steht es mit der Angelegenheit, von der du weißt und die mir zu Herzen geht? Ist alles in Ordnung?»

Das Jesuskind: «Ja, aber du mußt geduldig sein!»

Mittwoch, 18. März 1987
17.05 — 18.00 Uhr

Es gibt viele Gründe, warum ihr leiden müßt

Vision der Gottesmutter und des Jesuskindes (obwohl nur die Gottesmutter sprach):

Die Gottesmutter: «Während dieser ganzen Fastenzeit soll das Leiden meines Sohnes für dich eine ständige Quelle der Meditation sein. Ich will, daß alle meine Kinder sich dieser Gebetshilfe bedienen, um zum Verständnis dieses Mysteriums zu gelangen. Eure Gebete sind Gott wohlgefällig, wenn sie aus dem Herzen kommen und mit mir in meinem Unbefleckten Herzen vereinigt sind. Heute gibt es Leute in der Kirche, die euch einreden wollen, daß man sich nicht so sehr auf das Leiden meines Sohnes, sondern nur auf seine Auferstehung konzentrieren sollte. Das ist unmöglich, beides müßt ihr in eurem Gebet betrachten, und dies um so mehr, da beides nicht voneinander getrennt werden kann, da der eine Aspekt zum anderen hinführt. Die Kontemplation muß auch das Leiden meines göttlichen Sohnes einschließen und darf sich nicht ausschließlich mit dem glorreichen Aspekt unserer himmlischen Daseinsweise befassen. Ich hoffe, daß alle meine Kinder, die zum kontemplativen Gebet berufen sind, diesem Ruf entsprechen werden, der jetzt immer dringlicher wird; so will es meine Fürsprache und der Triumph meines Unbefleckten Herzens.

Ich will nicht, daß du dir Sorgen machst wegen der Personen, an die du denkst. Ich habe alle diese Anliegen in mein Herz aufgenommen, und ich lege ständig Fürsprache zu ihren Gunsten ein. Sie sind jetzt durch ihre Prüfungen gereinigt, und ihre Auferstehung — um es so auszudrücken — wird sehr schön sein. Wenn ihr nämlich verspottet und verleumdet werdet, dann kommt ihr dadurch meinem Sohn am nächsten. Er ist immer sehr nahe bei den zerbrochenen Herzen! An ihn müßt ihr euch wenden in den Zeiten der Prüfung und der Krise, um euch mit seinem Leiden vereinigen zu können, und so werden die Prüfungen für euch zum Heil. Alle Bindungen des Herzens müssen schließlich gereinigt werden, wenn man zur Vollkommenheit gelangen will. Das wird durch die schmerzvollen Ereignisse erreicht, die eigens von meinem Sohn so angeordnet worden sind, um euch ihm nahe zu bringen. Er sieht sich gezwungen, zu diesen schmerzvollen Mitteln zu greifen, um euch zu ihm hinzuführen, da dies der einzige Weg ist, durch den diese Vereinigung geschehen kann. Du darfst keine Angst davor haben. Bereite dich vor durch Gebet und Buße, und wenn dann der Augenblick des Leidens kommt, dann wirst du es mit Freuden entgegennehmen, da diese Vereinigung mit Gott in deinem Geiste gegenwärtig ist.

Es gibt viele Gründe, warum ihr leiden müßt. Frage nicht danach! Sorge nur dafür, daß dein Herz bereit ist, wenn es an der Zeit ist. Habe keine Angst, den Willen Gottes zu tun. Die Prüfungen und manchmal auch die Demütigungen, die du zu erleiden hast, werden dich stärker und gottwohlgefälliger machen. Sie tragen reiche Früchte. Ich wünsche, daß meine Kinder schnell und großmütig antworten, wenn sie darum gebeten werden, jetzt in dieser Zeit zu leiden, wo das Heil so vieler Seelen auf dem Spiele steht. Sie werden die ganze Ewigkeit hindurch im Paradies mit euch zusammen sein und werden euch danken, auch für die kleinsten Opfer, die ihr gebracht habt und durch die so vieles erlangt worden ist, dank der Großmut

Gottes, der die kleinste Anstrengung belohnt, wenn sie mit Liebe vollzogen wurde. Gelobt sei die Allerheiligste Dreifaltigkeit, jetzt und immerdar! Amen!

Gehe und fahre fort in deinen Bemühungen, das zu tun, was ich bis jetzt von dir verlangt habe. Bete um Mut, und ich werde deine Kraft, dein Mut, deine Stärke sein, und ich werde dich für die Vereinigung mit meinem göttlichen Sohne vorbereiten. Er wird seine Wohnstatt in dir errichten; sie wird ganz herrlich und schön sein, wenn du Vertrauen in uns hast.»

Donnerstag, 19. März 1987
am Fest des heiligen Josef
11.35 — 12.10 Uhr

Der heilige Josef möge ihr Führer und ihr Schutzpatron sein

Vision der Gottesmutter und danach des Jesuskindes:

Die Gottesmutter: «Die Kopfschmerzen, unter denen du leidest, haben ihre Ursache in der Intensität deines geistlichen Lebens. Schreibe unser privates Gespräch von gestern auf, damit du nicht vergißt, mit dem Priester darüber zu sprechen. Er soll alles wissen, was bei dir geschieht. Das ist sehr wichtig. Das ist auch eine Sicherheit und ein Schutz für dich, damit sich in dies alles kein Irrtum einschleichen kann.

Ich bin glücklich über deine Bemühungen, im heiligen Gehorsam zu leben, und ich will, daß es auch weiterhin so sei. Sprich mit dem Priester auch über die heilige Messe in der katholischen Kirche von... Er muß wissen, was mit dir in der heiligen Messe geschieht.

Ich will, daß alle meine Kinder, die außerordentliche Gaben empfangen oder außerordentliche Geschehnisse erfahren, sich vollständig unter den Schutz einer geeigneten Seelenführung begeben, unter der Schirmherrschaft der heiligen katholischen Kirche, deren vollkommenes Bild ich bin. Denkt an meinen Gehorsam gegenüber dem Willen Gottes während meines ganzen Lebens. Nehmt ihn euch zum Vorbild! Der Kirche in ihren rechtmäßigen Vertretern und ihrer rechtmäßigen Autorität müßt ihr euch anvertrauen in allen Aspekten des geistlichen Lebens. Das muß ganz klar verstanden werden, besonders jetzt, wo unter den Gläubigen in den Dingen, die das geistliche Leben betreffen, eine so große Verwirrung herrscht. Damit sind jene Dinge gemeint, die sie selbst nicht vollständig verstehen oder den Naturgesetzen entsprechend nicht vollständig zu erklären vermögen. Das sind keine nur ausnahmsweise einmal auftretenden Fälle, denn die gleichen Dinge geschahen die Jahrhunderte hindurch inmitten der Kirche und mitten unter dem Volk des Alten Testamentes. Ihr könnt die Begegnung mit weiteren Geschehnissen dieser Art erwarten unter meinen Nachahmern und denen, die mir geweiht sind. Freut euch, in dieser Zeit zu leben, der Zeit der Barmherzigkeit und der Liebe eurer Mutter.

Mein geliebter Bräutigam, der heilige Josef, dessen Fest ihr heute begeht, möge euch als Beispiel dienen, ganz besonders für die Ehemänner und Familienväter, die zu meinem Apostolat der Familien und der Mutterschaft berufen sind, wovon ich bereits gesprochen habe. Möge die Heilige Familie eure Führerin sein und euch in allem als Vorbild dienen. Wir werden euch bei all euren Bemühungen beistehen, unter der Bedingung, daß sie zur Ehre der Allerheiligsten Dreifaltigkeit geschehen. Tut alles zur Ehre Gottes und in der treuen Erfüllung seines Willens. Oh! Was für eine Freude werdet ihr dann verspüren!

Es ist notwendig, daß die Familien sich heute Zeit nehmen, um beieinander zu sein und besonders, um gemeinsam zu beten. Ich will, daß die Familienmütter, die sich durch diese Schriften dazu angeregt fühlen, sich dem Dienste an diesem geistlichen Apostolat zu widmen, die Ihrigen in diesem Sinne führen, denn sie sind das Herz der Familie.

Der heilige Josef und ich werden für euch machtvolle Fürsprache einlegen, um die Heiligkeit in all diesen Familien offenbar werden zu lassen. Es gibt heute viele, die die Bedeutung des geistlichen Weges nicht verstehen und ein Leben führen, das zu ausgegossen ist in der Welt. *Möge der heilige Josef ihr Führer und ihr Schutzpatron sein*, er, der meinen göttlichen Sohn und mich vor der Welt beschützt hat. Er wird euch helfen, wenn ihr ihn um seinen Beistand bittet, und er wird der Schutzpatron eurer Familien sein.

Das Jesuskind möchte zu dir sprechen.»

Das Jesuskind: «Meine Mutter fährt fort, dir ihren Plan bezüglich ihres Apostolates darzulegen. Es ist wichtig, alle Einzelheiten aufzuzeichnen, denn daraus soll das Handbuch dieser Familien entstehen, und es wird viele zu großer Heiligkeit führen. Ich wünsche, daß ihr in euren Familien meiner Mutter die größte Ehre und Hochachtung erweist. Der heilige Josef und sie werden eure Familien meinem Wunsche entsprechend formen, indem sie sie dem Vorbild unserer Familie, wie sie auf Erden lebte, angleichen. *Die Andacht zur heiligen Familie* hat abgenommen. Das ist bedauerlich; sie muß wiederhergestellt werden, damit sich jetzt mein Plan für die Welt verwirklichen kann.

Höre gut auf die Stimme meiner Mutter, wenn sie zu dir spricht, und befolge gewissenhaft ihre Anweisungen. Ich wünsche, daß alle durch ihr Unbeflecktes Herz zu mir kommen können. Ich segne dich aus ganzem Herzen. Gehe jetzt in Frieden.»

Montag, 23. März 1987
15.50 — 16.55 Uhr

Die Heiligkeit ist für alle bestimmt und nicht nur für wenige

Vision des Jesuskindes und danach der Gottesmutter mit dem Jesuskind:

Das Jesuskind: «Du hast richtig gehandelt, was das letzte Wochenende betrifft. Man darf niemals Angst haben, wenn die Absichten gut sind. Ich beurteile deine Handlungen deinen Absichten entsprechend, während die Welt nur nach den Werken ihr Urteil fällt, ohne jemals wahrhaft das Herz und den Geist der betreffenden Person zu kennen, so wie ich allein, ihr Schöpfer, sie zu erkennen vermag.

Du hattest auch recht, als du annahmst, daß der Teufel es ist, der diese Botschaft jetzt zu unterdrücken sucht. Er will nicht, daß dieses Licht sich unter meinen Kindern ausbreitet, denn er hat genügend Vorherwissen, um das zu erkennen, was seiner Herrschaft auf der Erde schaden kann, er wünscht sie ja zu erlangen und zu behalten, aber zu seinem Unglück habe ich ihn schon besiegt! Und all seine Bemühungen sind nutzlos und vermögen nichts auszurichten, denn er besitzt keine echte Macht, sondern nur eine eingebildete Macht, da er sich eine unrechtmäßige Gewalt über die Welt anmaßt, die Macht aber gehört nur Gott allein, denn alles ist Gottes, jetzt und immerdar. Fürchte den Teufel nicht, sondern fahre fort, so zu handeln, wie du es getan hast, als du häufig heiligmäßige Priester um ihren Segen batest. Hierbei hat der Priester — dein Seelenführer — dir ganz besonders geholfen. Wenn du ebenso auch dein Heim häufig segnen läßt, dann wird dir dies eine Hilfe auf diesem Gebiet sein.

Ich bin erfreut über die Schnelligkeit und Entschlossenheit, die du an den Tag legst, wenn es darum geht, für mich zu leiden, das heißt mit meinen heiligen Wunden Mitleid zu empfinden. Dies ist ein sehr edles Mittel, um für die Sünden Genugtuung zu leisten, und ein Mittel, das mich ehrt. Laß dich nicht verwirren oder entmutigen von denen, die deine Erfahrung nicht verstehen, es fehlt ihnen an der notwendigen Tiefe, um Dinge dieser Art begreifen zu können. Suche nicht ihren Rat in irgendeiner Glaubensangelegenheit. Laß dich nur von deinem Seelenführer beraten, der rechtmäßigerweise dieses Amt ausübt.

Ich weise ausdrücklich auf diesen Punkt hin, damit alle meine Kinder es ein für allemal begreifen: Ich wünsche, daß nur die Priester mit der Unterscheidung der Geister und ähnlichen Dingen betraut werden. Ich gebe ihnen das notwendige Wissen und die Befähigung, um dieser Aufgabe gerecht zu werden, aber dies wird nicht allen meinen Kindern gegeben, und Laien sollten sich nicht damit befassen.

Wenn dein Seelenführer dir etwas sagt, dann tue es schnell und aus ganzem Herzen, denn das ist mein ausdrücklicher

Wunsch. Ich werde nicht zulassen, daß er dich in die Irre führt, denn er ist die rechtmäßige Autorität, die ich erwählt habe, damit du dich ihr unterstellst. Auch wenn du darum gebeten wirst, dieses oder jenes nicht zu tun, dann sollst du aus ganzem Herzen gehorchen, so schwierig es manchmal auch scheinen mag, aber wenn du bereit bist, meinen Willen zu erfüllen, dann wirst du es können.

Bittet um diese Gefügigkeit des Geistes, damit ihr, wenn die Prüfung kommt, in der Lage seid, eure Antwort der meinigen anzugleichen, indem ihr die gleichen Worte gebraucht wie ich im Garten Gethsemane: "Vater, dein Wille geschehe und nicht der meinige!" Das ist die wahre Heiligkeit, und so sollst du das ganze Leben hindurch handeln. Ich habe euch das vollkommene Beispiel gegeben, und ich wünsche, daß es ebenso von allen meinen Kindern befolgt wird. Ihr seid alle zur Heiligkeit berufen und nicht nur eine kleine Zahl. Durch das Gebet müßt ihr sie zu erreichen suchen und durch die Verleugnung jeglichen Eigenwillens, der nicht mit meinem Willen übereinstimmt.

Ein sehr wirksames Mittel, das ihr anwenden könnt, besteht darin, in euch ein besseres Verständnis der göttlichen Dinge heranzubilden. Ihr gelangt dazu durch viel Gebet und Meditation. So werdet ihr meinen Willen erkennen, wenn die Frage sich euch stellt, welcher von mehreren möglichen Wegen am besten eingeschlagen werden soll. Derjenige, den ich für euch ausgewählt habe, zeigt sich euch nicht immer von selbst, es sei denn, ihr wendet das Mittel an, das ich euch soeben dargelegt habe, und wenn ihr inmitten eurer täglichen Pflichten in innerer Sammlung verbleibt.

Ich wünsche in allen Herzen zu leben im Austausch ihrer Liebe. Wer den engen Weg der Heiligkeit einschlägt, wie er von meinen großen Heiligen, die ich selbst durch meinen Heiligen Geist erleuchtet habe, so oft aufgezeigt worden ist, der vollbringt wahrhaft große Dinge für mich. *Der Heilige Geist, der hervorragendste aller Lehrer, wird in allen Dingen euer Führer und euer Licht sein, wenn ihr es ihm erlaubt, in euer Innerstes einzu-*

dringen; und dies erreicht ihr durch das Gebet, die Meditation und die Kontemplation der göttlichen Ordnung und Majestät.

Ich bin betrübt wegen der Mißbräuche, die in jener Bewegung aufgetreten sind, die von sich sagt, daß sie die Gaben des Heiligen Geistes empfängt. Gewiß, es ist wirklich mein Heiliger Geist, der in gewissen Augenblicken in ihnen wirkt, aber es gibt viele, deren Fortschritt zum Stillstand gekommen ist, unter ihnen sind diejenigen, die sich heute in den sogenannten charismatischen Gebetsgruppen engagiert haben, denn es fehlt ihnen an einer geeigneten geistlichen Leitung; sie haben nicht die notwendige Tiefe, um auf dem Wege der Vollkommenheit voranzuschreiten; diejenigen aber, die mit mir verbunden sind, kommen auf den geistlichen Wegen schnell voran, selbst wenn dieses Wachstum oft im verborgenen geschieht und nur von denen wahrgenommen wird, die in diesem Bereich die Gabe der Unterscheidung der Geister empfangen haben, ebenso wie auch von denen, die auf den geistlichen Wegen schon fortgeschritten sind. Ihr habt euch selbst nicht allzu sehr darum zu kümmern, da das die Aufgabe eures Seelenführers ist, der allein die Gabe der rechten Unterscheidung besitzt, was diese Dinge angeht, ausgenommen natürlich, daß ich selbst die Wahl treffe, sie auch anderen zu offenbaren, wie ich es in der Vergangenheit bei meinen Heiligen getan habe, die bekannt waren für die Heiligkeit ihres Lebens. *Durch ihr Leben legen sie Zeugnis ab für mich, und sie legen Zeugnis ab für meinen in Überfülle in ihnen wohnenden Heiligen Geist, den ich durch ihre heroischen Tugenden und Taten geoffenbart habe. Sie sind es, die ihr euch zum Beispiel nehmen sollt, deren Nacheiferer ihr werden sollt. Das Beispiel ihres Lebens läßt euch einen Einblick in die Wege der Heiligkeit gewähren und wird euch auf einzigartige Weise inspirieren.*

Betet zu meinen Heiligen, die immer bereit sind, eure Bitten entgegenzunehmen, sofern sie mit meinem Willen übereinstimmen. Sie werden zu euren Gunsten Fürsprache einlegen, und dadurch wird eure Last leicht werden, verglichen mit der, die ihr ohne diese Fürsprache zu tragen hättet. Ich bin glücklich darüber, daß man den Lebensbeschreibungen vieler großer Heiliger wieder ein neues Interesse entgegenbringt. Das sollte auch weiterhin so sein, damit die Zahl derer immer größer wird, die von ihrer Weisheit lernen, wie mein Heiliger Geist sie offenbart.

Sei bereit, noch mehr zu leiden, jetzt, wo die Fastenzeit weitergeht. Es ist der königliche Weg des Leidens, auf den du gestellt worden bist. Er wird weitergehen, aber ich werde deine Kraft sein, und meine Mutter dein Elan. Flehe zu meinen Heiligen, und sie werden achtsam sein auf deinen Ruf. Die Kraft und Festigkeit der Seele ist eine Gabe des Heiligen Geistes, aber auch eine Sache, die die Natur erlernen muß. Amen! Der Friede sei mit dir und deinem Heim!»

Mariamante: «Kleiner Herr Jesus, verlaß mich nicht!»

Das Jesuskind: «Fürchte dich nicht, meine Liebe. Alles, was jetzt geschieht, gereicht zu deinem Besten und wird nur dazu dienen, dich näher zu mir zu führen. Überlaß dich meinem Willen, und du wirst eines Tages mit mir im Paradiese sein.»

Danach kam eine Vision der Gottesmutter:

Die Gottesmutter: «Mein Sohn hat dir soeben viele Dinge gesagt, die dir und anderen zu gegebener Zeit von großem Nutzen sein werden. Denke daran, daß ich dir gesagt habe, die Prüfungen und Schwierigkeiten nicht zu fürchten. Sie werden dazu dienen, dich näher zu meinem Sohn zu führen, der alle Prüfungen und Schwierigkeiten aus Liebe zu den Menschen getragen hat. Wenn diese vorüber sind, wird er noch stärker in dir leben; zu diesem Ziele sind sie da, und wenn die Prüfung dann kommt, darfst du das nicht aus den Augen verlieren.

Denke daran, wie es mit all jenen ausgegangen ist, die aus Liebe zu Gott bis zum Ende ausgehalten haben. Die Herrlichkeit der Märtyrer gibt Zeugnis davon. Bete Gott an, und du hast nichts zu fürchten. Ich werde dir in diesen Prüfungen auf einzigartige Weise beistehen, und ich werde dein Trost sein.

Mariamante: «Meine Mutter, ich bitte dich, gib mir Kraft, denn ich bin schwach.»

Die Gottesmutter: «Ich werde es tun.»

Mariamante: «Mutter, ich liebe dich.»

Die Gottesmutter: «Ich weiß es, und auch ich liebe dich. Gehe in Frieden!»

Mittwoch, 25. März 1987
am Fest Mariä Verkündigung
gegen 17.00 Uhr

Die Grundsätze des Apostolates der heiligen Mutterschaft

Vision des Jesuskindes und der Gottesmutter:

Das Jesuskind: «Du mußt in allen Einzelheiten und sehr genau die Punkte aufschreiben, die dir nun dargelegt werden, denn sie werden die Grundlage des Apostolates der Mutterschaft sein, von dem wir bereits gesprochen haben. *Es soll den Namen meiner Mutter tragen, der Königin des Himmels und der Erde, der Gottesmutter, und es wird den Titel tragen: Das Apostolat der heiligen Mutterschaft in den katholischen Familien. Dieses Apostolat wird vom Heiligen Vater gutgeheißen werden und sich in den Familien meiner Kirche ausbreiten, die überall in den vier Enden der Erde leben. Es wird viel Gutes bewirken und eine große Hilfe sein, um die Flut des Bösen einzudämmen, wodurch heute so viele Familien zerstört werden.*

Es wird drei Grundrichtlinien geben, die die Mitglieder befolgen müssen:

1) Sie[30] werden all ihre Zeit, ihre Kräfte, ihre Mittel und auch ihre ganze Person in den Dienst der größeren Ehre Gottes stellen, und sie werden alles tun, um in ihrem Leben den Willen Gottes zu befolgen.
2) Sie werden sich meiner heiligsten Mutter unter dem Titel "Gottesmutter" weihen.
3) *Sie werden darauf achten, ihre täglichen Pflichten als Gattinnen und Mütter zu erfüllen und inmitten ihres Heimes ein heiligmäßiges Leben zu führen.*

30 Alle Mitglieder. Mariamante.

Meine Mutter und ich, wir werden später diese drei Grundrichtlinien näher erläutern; daher werden, ehe es beginnt, noch viele genaue Anleitungen gegeben.

Ich will nicht, daß der Priester sich unter Druck gesetzt fühlt, aber es bleibt nicht mehr viel Zeit, um es ins Werk zu setzen, wie meine Mutter es dich schon vorher wissen ließ, denn es ist dringend wegen des gegenwärtigen Zustandes der Welt.

Meine Mutter möchte mit dir sprechen.»

Die Gottesmutter: «Mein vielgeliebtes Kind, es macht mir eine so große Freude zu sehen, wie gut es in deiner Familie mit der echt katholischen Erziehung deiner Kinder bestellt ist; ich wünsche, daß viele Familienmütter es ebenso machen. Ihr alle, die ihr Mitglieder dieses Apostolates seid, werdet außerordentliche Gnaden empfangen, denn es wurde durch Gottes Ratschluß ins Leben gerufen, und es wird mein eigenes Werk sein.»

Freitag, 27. März 1987
16.30 — 17.30 Uhr

Ihr müßt euer Gebet weit werden lassen, so daß es jetzt die ganze Menschheit umfaßt

Vision des Jesuskindes und der Gottesmutter:

Das Jesuskind: «Betet für eure Brüder und Schwestern, die so tief in den Zustand der Sünde gefallen sind. Sie brauchen eure Gebete. Ich will, daß alle meine Kinder ihren Tag damit beginnen, sich im Gebet an meine heiligste Mutter und mich zu wenden in einer Haltung der Liebe und der Sühne für die Sünden und für das Heil der Sünder. Gewiß, es wird vorkommen, daß ihr es vergeßt, aber ich bestehe darauf, daß ihr es dann zu einer anderen Tageszeit verrichtet, so daß alles, was ihr tut, ständig in dieser Meinung aufgeopfert wird zur größeren Ehre Gottes und aus Liebe zu mir.

Ich bin betrübt über die große Zahl jener unter meinen Nachfolgern, die nichts tun zur Sühne für die Sünden oder aus reiner Liebe zu mir, sondern die den größten Teil ihrer Gebetszeit damit verbringen, nur für ihre Familienmitglieder Gnaden und Bekehrungen zu erbitten. *Ihr müßt euer Gebet weit werden lassen, so daß es jetzt die ganze Menschheit umfaßt, wenn ihr meinen Willen erfüllen wollt.* Ich allein bin in der Lage, den Augenblick zu erkennen, wo ein Herz bereit ist, diese oder jene Gnade der Bekehrung zu empfangen, und es gibt viele, die nur darauf warten, sie zu empfangen, aber es findet sich niemand, der sich die Mühe geben will, für sie diese Gnaden zu erbitten. Um geistliche Gaben und Gnaden zu erlangen, muß zuvor gebetet werden, es muß jemanden geben, der darum bittet. Es ist möglich, daß ihr nicht immer wißt, wer die Hilfe eures Gebetes empfängt, aber es ist nicht notwendig, das zu wissen; Gott bewahrt alle diese Dinge in seinem Herzen, und er wird selbst die geringste Mühe überreich belohnen, die ihr euch für das Heil der Seelen gebt, die er so zärtlich liebt.

Ah, die Liebe der Allerheiligsten Dreifaltigkeit ist so unergründlich für euren begrenzten Geist! Mit so glühender Liebe ersehnen wir das Heil der Seelen, die wir aus Liebe geschaffen haben! Die Liebe ist die Kraft, die die Schöpfung selbst ins Dasein gerufen hat. Die Sehnsucht danach, diese Liebe auch außerhalb der Allerheiligsten Dreifaltigkeit anderen mitzuteilen, hat das Menschengeschlecht ins Leben gerufen, die Geschöpfe, die mit der notwendigen Erkenntnisfähigkeit begabt sind, um auf die gleiche Weise zu lieben, wie der Vater und ich uns im Heiligen Geiste lieben; und dieser gleiche Heilige Geist, der sich in seiner Schöpferkraft offenbart, wird euch die ganze Ewigkeit hindurch diese Freude, diese Liebe und diese Schönheit mit uns teilen lassen.

Die Güte eures Gottes übersteigt alles, was ihr euch vorstellen könnt. Ihr könnt nichts anderes tun als danach zu streben, sie in euren Gedanken zu erfassen, denn sie ist jenseits allen menschlichen Verstehens. Ich bediene mich einer einfachen Sprache und einfacher Worte in der Absicht, denen, deren Geist für diese Dinge geöffnet ist, einen kleinen Einblick zu vermitteln, so, wie es ihrer Fassungskraft entspricht. Betet Gott in seiner Liebe und in seiner Güte an. Betet zu ihm in Danksagung und Freude und nicht nur, indem ihr Bitten für eure Bedürfnisse und Wünsche vorbringt. Ganz gleich, wie edel diese auch erscheinen mögen, sie sollten nur einen kleinen Teil eures Gebetes ausmachen, das sich im wesentlichen in unzerstörbarer und glühender Liebe zu mir in der Allerheiligsten Dreifaltigkeit ausdrücken soll, in der Glut, mit der ihr euch durch das Feuer meines Hochheiligen Geistes entflammen laßt, und im Lobpreis, mit dem ihr euch an den Vater wendet.

Betrachtet die Schönheit und die Weisheit der Allerheiligsten Dreifaltigkeit. Dazu seid ihr in dem Maße fähig, wie wir allein es ermöglichen; wir haben sie in euch eingesenkt, als wir euch nach unserem Bild und Gleichnis erschufen. Wenn ihr darüber meditiert, soll euch diese Erwägung als Anregung dienen.

Meine Mutter ist das vollkommene Bild des unbefleckten Wesens, so wie es für euch alle von Anfang an vorgesehen war, nämlich unberührt von jeglicher durch die Sünde und anderer Formen der Verderbnis hervorgerufenen Befleckung. Sie allein ist davon bewahrt worden; sie hat diese erhabene Ehre in Vorausnahme meiner eigenen Herrlichkeit empfangen, um sie durch eine Wirkung der Großmut eures Gottes über die Menschheit auszubreiten, denn er hat euch vom Untergang erretten wollen.

Lobet Gott Tag und Nacht! Jauchzet vor Freude zu eurem Gott! Betet ihn an in der Liebe, in Frömmigkeit und Ehrfurcht. Seid von meinem Heiligen Geiste erfüllt, um ihm aus glühendem Herzen Dank sagen zu können, einem Herzen, das im Heiligen Geiste nur noch eins ist mit mir und durch mich. Alles gehört ja mir, denn der Vater hat mir alles übergeben nach meinem großen Opfer auf Kalvaria, als ich ihm bis zu meinem letzten Atemzug den Erweis meines Gehorsams gegeben habe.

Ich bin der Weg, die Wahrheit und das Leben. Folget mir, und ihr werdet das Leben haben, und ihr werdet es in Fülle besitzen. Es gibt ja keinerlei Leben außerhalb von mir und meinem Vater, denn wir sind eins im Heiligen Geiste, der das Leben schenkt. Nun werdet ihr mich fragen, wie denn die Heiden und die Nicht-Christen das Leben erlangen und im Himmel zu mir kommen können, wenn sie mich nicht kennen, so lange sie auf der Erde sind. Dies ist das Mysterium der göttlichen Gnade, die sich einem jeden anpaßt, je nach dem Maße seiner Aufnahmefähigkeit. Alle empfangen vor ihrem Tode[31] einen Augenblick oder eine Stunde, um zuzustimmen und zu verstehen und um so zu der Bestimmung zu gelangen, die für sie schon vor der Schöpfung vorgesehen war. So vermögen sie das Heil zu erlangen. Was aber diejenigen betrifft, die mich kennen und dennoch freiwillig ablehnen, so müssen sie Reue erwecken, um ihre ewige Wohnstatt erreichen zu können.

Ach, wenn ihr wüßtet, was für ein herrliches Festmahl ich euch bereitet habe! Kostet und seht, wie gut der Herr ist, er, der euch so sehr liebt und der euch vorangehen wollte, indem er so viele Leiden aus Liebe zu euch und zu eurem Heil getragen hat. Wendet euch nicht ab von mir, gebt nicht das auf, was so heilig ist, um den unbedeutenden Dingen dieser Welt nachzulaufen, die so vergänglich sind. Erwerbt euch Schätze im Himmel, wo ich euch mit einer Freude und einem Frieden belohnen werde, die größer sind als alles, was ihr euch jetzt vorstellen könnt.

Ich bin glücklich über die Initiative, die der Priester ergriffen hat, und ich werde ihm eine gewisse Bürde erleichtern, ich sage dir aber nicht, worin sie besteht. Er wird dann seine Aufgabe als weniger schwierig empfinden und eine Periode des Friedens erhalten.

Ich bin glücklich über das, was so viele meiner Kinder leisten, besonders diejenigen, die sich meiner heiligsten Mutter geweiht haben, indem sie für ihren Triumph beten und arbeiten und ihr eigenes persönliches Gebetsleben vertiefen. Seid versichert, daß ihr durch die Mühe und die Anstrengung, die ihr jetzt an den Tag legt, die Kraft erlangen werdet, durchzuhalten und daß ihr am Ende alles empfangen werdet, was ihr erhofft, und noch vieles mehr. Wie ihr ja wißt, will Gott sich niemals an Großmut übertreffen lassen. Gehe jetzt in Frieden!»

---

31 Ich habe das so verstanden, daß damit auf die Begierdetaufe hingewiesen wird, so wie es der Lehre der Kirche entspricht. Mariamante.

Die Gottesmutter: «Mein Sohn hat dir alles gesagt, was du für heute wissen mußt. Gehe jetzt in Frieden.»

Am Ende hatten wir noch einen kurzen Austausch, wobei wir uns gegenseitig unserer Liebe versicherten.

Dienstag, 31. März 1987
15.10 Uhr

Ein neues Werk des Herrn

Vision der Gottesmutter und des Jesuskindes:

Die Gottesmutter: Diese Fastenzeit war eine harte Prüfung für dich, aber sie ist noch nicht vorbei. Du sollst unserer Liebe zu dir ganz sicher sein, und du mußt auch standfest bleiben in deiner Liebe zu uns. Das ist vor allem als eine Prüfung des Willens zu verstehen, ähnlich jener, von der wir schon früher gesprochen haben. Was jetzt auf dir lastet, wird schließlich von dir genommen werden, und dein Mann wird den Frieden wiederfinden; wegen seiner Sünden muß er aber zur Beichte gehen. Diese haben sich von Tag zu Tag mehr verfestigt, und er muß dafür um Verzeihung bitten. Bete in dieser Angelegenheit für ihn, damit er von seinen Sünden gereinigt wird und die Gnade und den Frieden unseres Herrn Jesus Christus wiederfinden kann.

Es ist mir nicht möglich, dir die ganze Bedeutung dieser Prüfungen mitzuteilen, denn sie sind von unermeßlichem Nutzen für deine Seele, sie stärken die Ausdauer in dir, sie geben dir Festigkeit und lehren dich, inmitten der Schwierigkeiten die Seelenstärke zu bewahren. Mein Sohn, der so unermeßlich viel gelitten hat, muß während dieser Prüfungen immer deine Kraftquelle sein. So wirst du standhaft, stark und entschlossen werden, um Gott zu dienen, der dir in seiner Passion das erhabenste Beispiel gegeben hat. Mein Kind, alle deine Drangsale sind so unbedeutend im Vergleich zu den seinigen! Vergiß es nie: Du wirst dadurch die rechte Einsicht gewinnen, um aus den deinigen Nutzen zu ziehen. Er hat sie in gewisser Weise durch seine eigenen Leiden für dich bereits besiegt, aber es ist für dich auch nötig, die deinigen willig zu ertragen als eine Zeit der Erprobung. Alle, die den Himmel gewinnen wollen, müssen durch diese Prüfung hindurch.

Weil ihr Sünder seid, braucht ihr beständig die Hilfe und Stärkung durch die Sakramente. Die heiligenden Gnaden, die sie euch vermitteln, geben euch alles, was ihr nötig habt, um aus jeder Prüfung siegreich hervorgehen zu können; sie hören nicht auf zu wirken, um euch nach dem Bilde und Gleichnis meines göttlichen Sohnes umzuwandeln. Dies ist der Grund, warum er die Sakramente eingesetzt hat, um euch zu ermöglichen, den Himmel zu erlangen; ihr müßt sie immer zu Hilfe nehmen, um aus ihnen Kraft zu schöpfen, besonders natürlich im Bußsakrament und in der heiligen Eucharistie.

Ich weiß, daß es für dich seit einiger Zeit sehr schwierig geworden ist, die heilige Kommunion zu empfangen[32], aber auch das ist ein Teil deiner Prüfungen; du darfst deshalb nicht den Mut verlieren.

Sei tapfer und empfange weiterhin häufig die geistige Kommunion; sie wird dich stärken.

Diejenigen, die danach verlangen, in den Dienst des Herrn zu treten, müssen sich immer auf derartige Dinge gefaßt machen, denn dies ist der Weg, der zu ihm hinführt. Mein Kind möchte mit dir sprechen.»

Das Jesuskind: «Diese Prüfung beginnt in dir Ausdauer und Geduld zu bewirken, und dadurch wirst du mir ähnlicher. Ich gieße meinen Heiligen Geist über dich aus, ebenso wie über die anderen, die ähnliche Prüfungen zu ertragen haben; oft sind sie sich selbst nicht bewußt, daß sie ihn im Überfluß empfangen.

Bereite dich darauf vor, daß außerordentliche Ereignisse zu geschehen beginnen, bei dir und auch bei anderen, die ebenfalls dazu auserwählt worden sind, meinen Willen auf außerordentliche Weise zu erfüllen. Sie werden glücklich und überrascht

32 Ich war nämlich eine zeitlang nicht in der Lage, mich täglich zur heiligen Messe zu begeben, und ich konnte nur am Sonntag die heilige Kommunion empfangen; in der Woche jedoch nur, wenn sich eine Gelegenheit dazu ergab. Mariamante.

sein zu erfahren, daß es außer ihnen noch andere gibt, die ähnliche Gnaden empfangen, um meinen Willen auszuführen.

Der Plan meiner Mutter, nämlich die Verwirklichung des Triumphes ihres Unbefleckten Herzens, ist schon seit einiger Zeit am Werk und wird fortfahren, sich machtvoll auszubreiten, und zwar um so stärker, je mehr Seelen es gibt, die ihr geweiht und dazu berufen sind, diese besondere Sendung zu beginnen, für die sie erwählt worden sind. Daher ist es von allergrößter Bedeutung, daß du wortwörtlich alles ausführst, was dir aufgetragen wird, um zu verhindern, daß durch Nachlässigkeit irgend etwas von ihrem Plan unausgeführt bleibt. Es ist manchmal notwendig, mit großen Schritten im Glauben vorwärtszuschreiten, ehe etwas Großes verwirklicht werden kann. Das ist hier wirklich der Fall.

Ich will, daß der Priester für diesen Plan mehr Zeit zur Verfügung stellt, damit er diese Aufgabe in rechter Weise durchführen kann. Viele werden durch das alles eine Hilfe empfangen, darum geben meine Mutter und ich dir diese Botschaft, zum Nutzen anderer, nicht nur für dich.

Dieses Apostolat, das wir zu beginnen wünschten, wurde am Feste Mariä Verkündigung angekündigt und erklärt; ein sehr passendes Datum, da die Mitglieder ja der Gottesmutter geweiht sind und da sie es ist, die ihnen helfen wird, ihren Kindern und ihrer Familie mit jener Ehrfurcht zu begegnen, die ihnen gebührt und die dieses Apostolat erfordert. Der Grund dafür ist *die Ehrfurcht vor der Person Christi in der Person der anderen und heute ganz besonders der Kinder.* Die Mitglieder dieses Apostolates sollen sich bemühen, ihre täglichen Pflichten in dem gleichen Geiste zu erfüllen, mit dem auch sie auf Erden die ihrigen erfüllte. Sie werden hierin den ganzen Tag hindurch eine unerschöpfliche Quelle der Kontemplation finden, so daß sie in allem dem Willen Gottes entsprechend handeln werden. Ich bin zufrieden mit dem, was du bis jetzt getan hast, um dieser Bitte zu entsprechen. Handle weiter so.

So wie der Engel Gabriel meiner Mutter den Beginn meiner Menschwerdung verkündete, so haben auch wir dir am gleichen

Tag den Anfang eines neuen Werkes des Herrn offenbart. Dieses Werk entspricht dem glühenden Verlangen meines Herzens, zahlreiche Sünder zu retten, und der Beginn darf jetzt nicht verzögert werden. Es gibt nichts zu fürchten, denn für die, die sich hier engagieren, wird dieses Werk nur aus Freude und Liebe bestehen, denn ich bin es, der es so bewirken wird.

Lobpreise die Allerheiligste Dreifaltigkeit! Gehe jetzt in Frieden, ich segne dich!»

Donnerstag, 2. April 1987
12.30 Uhr

Das Kreuz tragen

Vision des Jesuskindes:

Das Jesuskind: «Du hast jetzt sehr unter Widerwärtigkeiten zu leiden. Deren Ursache ist die Gottlosigkeit der Welt. Wie du weißt, hat die Welt mich nicht anerkannt und will auch meine Nachfolger nicht anerkennen. Du mußt zwar in der Welt sein, aber nicht von der Welt. Damit handelst du gut, und du mußt es auch weiterhin so tun. Du ehrst mich, indem du die Leiden annimmst, die du aus Liebe zu mir erträgst. Diese Form des Leidens ist die erhabenste, denn es geschieht wegen deiner Liebe zu Gott, daß du verfolgt wirst. So ist es immer gewesen im Laufe der Jahrhunderte. Vergiß es nicht und sage es auch dem Priester. Meine Kinder sollen sich von dem Beispiel ermutigen lassen, das ihnen durch das Leben der Heiligen vor Augen gestellt wird, die aus Liebe zu mir und zu meiner heiligen Kirche so zahlreiche Leiden erduldet haben. Das ist nämlich der Weg, den ihr beschreiten müßt, wenn ihr getreu meinen Schritten folgen wollt. Das Tragen des Kreuzes ist deshalb schwierig, weil es dadurch viele Früchte trägt. Der Grad eures Leidens entspricht dem Grad der Heiligkeit, die meine Gnade euch erreichen läßt. Ich wünsche ganz in meinen Kindern zu leben, und diese innere Umkehr, von der ihr gehört habt, wird es ermöglichen.

Ich bin gekommen, um die Sünder zu retten und nicht die Gerechten. Die Gerechten sind ja bereits Hausgenossen meines

Vaters, so wie der Bruder des Verlorenen Sohnes, der den Vorteil hatte, niemals das Vaterhaus verlassen zu haben. Der ganze Himmel aber freut sich über die Reue eines einzigen Sünders.

Ich werde später fortfahren. Kümmere dich jetzt um deine Kinder!»

Später, am gleichen Tag, während des Gebetes
Donnerstag, 2. April 1987
17.40 Uhr

Vision des Jesuskindes:

Das Jesuskind: «Ich freue mich über deine Bemühungen, aber du mußt einen besseren Zeitpunkt wählen.[33]

Gehe jetzt zu deinen Kindern.»[34]

Montag, 6. April 1987
16.55 Uhr

Meine Mutter ist voll Güte

Vision des Jesuskindes:

Das Jesuskind: «Meine Mutter ist voll von Güte zu den Menschenkindern.»

Die Kinder unterbrachen uns, und zu gleicher Zeit erwachte das Baby; da erinnerte ich mich daran, was er mir in der Vision der letzten Woche gesagt hatte, daß ich bei den Kindern bleiben sollte, und daher ging ich nicht zurück zum Gebet.

---

33 Für das Gebet. Mariamante.

34 Ich glaube, daß er das gesagt hatte, weil zwei meiner Kinder aufgestanden waren und es Zeit für die Mahlzeit war. Ich bin aber trotzdem zum Gebet zurückgekehrt, weil er mir ein wenig früher an jenem Tage gesagt hatte: «Ich werde später fortfahren.» Ich hatte geglaubt, daß damit eine spätere Zeit am gleichen Tage gemeint war. Es schien aber sein Wunsch zu sein, daß ich zum Abendessen bei meinen Kindern bliebe. Ich tat, was er sagte. Mariamante.

Donnerstag, 9. April 1987
19.10 — 19.45 Uhr

Das Tor, durch das ihr in den Himmel eintretet

Vision der Gottesmutter:

Die Gottesmutter: «Der Ort, wo die Visionen stattfinden, ist unwichtig. Wichtig aber ist die Botschaft, die wir dir geben.

Das Licht, das du erblickst, ist für dich ein Zeichen, um dich auf den übernatürlichen Ursprung des Ereignisses hinzuweisen. Natürlich könnten wir auf andere Weise mit dir in Verbindung treten, aber wir haben dieses Mittel gewählt, weil es deiner Situation am besten angepaßt ist, denn es ist nicht hinderlich für die Erfüllung deiner Pflichten als Mutter und Gattin.

Der Zustand der Empfindungslosigkeit, in dem du dich dann befindest, ist eine Wirkung der Art und Weise, wie diese Visionen sich dir mitteilen. Wenn der Priester mehr über diese Phänomene wissen möchte, dann soll er sich an das halten, was zu diesem Thema bereits geschrieben wurde. So kann er diese Dinge dann bei dir bestätigen. Der "Dialog" der heiligen Katharina von Siena wird ihm hierbei eine Hilfe sein; du selbst hattest ja schon daran gedacht, weil es sich um eine ähnliche Form der Mitteilung handelt, nur war es bei ihr eine erhabenere Art.

Sicher, der Priester soll unbedingt diese Seiten[35] lesen, denn er erhält sie deshalb, um die Ereignisse verstehen zu können, die sich vor seinen Augen abspielen. Das Apostolat, auf das wir hingewiesen haben, ist dringend notwendig.

Ruhe in meinem Unbefleckten Herzen, und mache dir keine Sorgen wegen der Erfüllung meines Planes, so wie ich selbst ihn durch euch, meine Kinder, verwirklichen werde, denn ihr seid die Werkzeuge dazu.

Du näherst dich dem Ende deiner Fastenzeitprüfung. Du kannst dankbar sein, sie gut ertragen zu haben. Preise das Heiligste Herz Jesu, meines göttlichen Sohnes. Sein Herz ist ein Abgrund von Barmherzigkeit für alle Sünder. *Die Wunde seines*

35 Anmerkung des Übersetzers: «Diese Seiten»: Damit ist der Bericht über die Visionen gemeint.

Herzens ist die Tür, durch die ihr in den Himmel eintretet, denn es ist durchbohrt worden von den Sündern und für die Sünder, die ihr seid. Er ist die fleischgewordene Liebe und ebenso die fleischgewordene Barmherzigkeit. Sein eucharistisches Herz ist das gleiche wie sein Heiligstes Herz. Sie sind von Natur aus untrennbar miteinander verbunden.

Habe keine Angst! Wir sind es! Betrachte die Wunde seines Herzens und das Licht, das unsere Herzen umgibt. Es ist gut sichtbar, um deine Aufmerksamkeit auf den wahren Sinn der Liebe zu legen: Für eure Bosheiten ist es durchbohrt worden. Und nun halte dein Versprechen und tue, was man dir sagt.»

Freitag, 10. April 1987
15.30 Uhr

Bete mich an im Geist und in der Wahrheit

Vision des Jesuskindes:

Das Jesuskind: «Es ist jetzt keine Zeit zu verlieren. Du mußt schnell handeln, wie wir es dich angewiesen haben. Ich werde dir beim Verstehen dessen helfen, was ich von dir gesagt zu haben wünsche und wann ich es gesagt haben will. Dieser Beistand des Heiligen Geistes wird dir gewährt werden, ebenso wie ich ihn meinen Jüngern versprochen habe, als ich ihnen sagte, sie sollten sich nicht fürchten, wenn die Zeit der Prüfung für sie kommt, denn ich werde ihnen den Heiligen Geist senden, der durch ihren Mund sprechen und ihnen die Worte eingeben wird, die sie sagen sollen. Dieser Beistand des Heiligen Geistes wird es dir ermöglichen, die richtige Antwort auf die Fragen zu geben, die man dir stellen wird, wenn du auf die Probe gestellt wirst; das gleiche gilt auch für die anderen, denen ich diese Befähigung gewähre. Dann wird es für alle ganz klar erkennbar sein, daß die Dinge, die da geschehen, von mir kommen und ihren Ursprung in Gott haben und nicht in dir.

Ich weiß, es wird für dich nicht immer leicht sein, all das zu ertragen, was auf dich zukommen wird, aber es muß jetzt so sein. Meine Mutter wird dir auch weiterhin in allen Lebenslagen durch ihren mächtigen Schutz beistehen, und auch ich selbst werde dich niemals verlassen, denn ich liebe dich so sehr, und ich habe dich vom Anbeginn der Zeiten an auserwählt im Hinblick auf die Dinge, die durch dich geschehen werden.»

Mariamante: «Herr, ich wage nicht zu fragen, um was es sich handelt. Ich will dir nur mein Vertrauen entgegenbringen!»

Das Jesuskind: «Habe keine Angst, mein Kind, denn selbst in deinen dunkelsten Stunden wird ein Licht da sein, nämlich das Licht, das ich selbst bin, das Licht der Welt und das Licht deines Herzens. Bete mich aus Herzensgrund an im Geiste und in der Wahrheit, und ich werde in dir gegenwärtig sein und in Fülle in dir leben, wie ich es bereits vorher bei meinen Heiligen getan habe. Ich liebe dich. Gehe jetzt in Frieden!»

Mariamante: «Kleiner Herr Jesus, bitte hilf meinem Mann, daß er zur Beichte geht.»

Das Jesuskind: «Ich werde es tun, und zwar in dieser Karwoche.»[36]

Montag, 13. April 1987
Montag der Karwoche
18.15 Uhr

Ich bin deine Mutter, und ich werde dich beschützen

Vision der Gottesmutter:

Die Gottesmutter: «Habe keine Angst, mein Kind, ich bin mit dir. Ich bin der Weg, der dich zum Sohne führt und durch ihn zum Vater. Es gibt viele Dinge, die du noch nicht verstehst, was die Sendung betrifft, die wir dir anvertraut haben. Du mußt dem Willen Gottes in allen Dingen vollständig unterworfen

36 Diese Verheißung ist eingetroffen. Alles hat sich nämlich auf ganz ungewöhnliche und erstaunliche Weise verwirklicht, und zwar in einem Augenblick, wo es unmöglich erschien, darauf zu hoffen. Es war zu jener Zeit, als die wandernde Statue der Gottesmutter von Fatima sich bei uns zu Hause befand. Oft geschah es, daß sie Wohlgeruch verströmte, gleich dem Duft von Rosen, Blumen oder Weihrauch, während sie bei uns war. Das war auch der Fall an dem Tage, wo sich diese Verheißung erfüllte. Mariamante.

sein. Die Zahl derer, die auf meine Warnungen hören, wird ein Gleichgewicht herbeiführen.

Laß dich nicht durch menschliche Rücksichtnahme beeinflussen. Das führt zu nichts und kann schädlich sein. Ich will, daß du weiterhin so handelst, wie du es getan hast, als der Priester abwesend war.

Ich will nicht, daß du dich durch das entmutigen läßt, was dir wie ein Mißerfolg vorkommen kann; bleibe vielmehr stark in deinem Glauben, und du wirst über alles triumphieren, was dir jetzt als unmöglich erscheint. Ich bin deine Mutter, und ich werde dich beschützen. Du hast nichts zu fürchten, auch nicht den Zorn derjenigen, die dir am nächsten stehen. Das ist unvermeidlich und gehört zum geistlichen Weg derer, die mich und meinen göttlichen Sohn lieben wollen. Betrachte das als dein Kreuz. Man muß die Verachtung der Welt ertragen, um meinem Sohne ähnlicher zu werden. Auch ich trage mit dir den Schmerz deiner Leiden, und ich nehme sie alle in mein Herz hinein. Vergiß nicht, daß auch ich weiß, was das ist, in der Unterwerfung unter den Willen des Herrn zu leiden. So muß es sein. Aber freue dich, sei glücklich, daß du erwählt worden bist, unter diejenigen gezählt zu werden, die er glückselig nennt. Du wirst dich eines Tages im Himmel mit uns freuen, in der Verfolgung standhaft geblieben zu sein.

Denke daran, was ich dir vorher gesagt habe, und fahre fort, für den Herrn zu wirken. Ich werde sich niemals verlassen. Gehe jetzt in Frieden.»

Mariamante: «Meine Mutter, stärke mich!»

Die Gottesmutter: «Ich werde es tun.»

Mariamante: «Und forme mich nach dem Bilde Jesu.»

Die Gottesmutter: «Ich werde es tun.»

Donnerstag, 16. April 1987
Gründonnerstag
17.00 — 17.30 Uhr

Laßt euch eure Herzen rühren

(Einander folgende) Visionen der Gottesmutter, deren Antlitz durch den Ausdruck unermeßlichen Schmerzes geprägt und ganz tränenüberströmt war, gefolgt vom Anblick der Gottesmutter, wie sie ihr Unbeflecktes Herz zeigt; und der Schau unseres Herrn als Erwachsenem, der sein Heiligstes Herz zeigt:

Die Gottesmutter: «Ihr entfernt euch zu sehr von mir und meinem Sohn; dies ist die Botschaft, die ich der Welt an diesem Gründonnerstag gebe. Kehret um und bereut, ehe es zu spät ist. Die Sünde hat jedes Maß überschritten, und Gott ist zu sehr beleidigt worden. Das kann nicht mehr so weitergehen. Ihr seid immer wieder gewarnt worden, die meisten aber hören überhaupt nicht auf meine Bitten, und diejenigen, die es tun, handeln nicht danach.

Laßt euch eure Herzen rühren. Das ist eure Antwort. Heute, wenn ihr seine Stimme hört, verhärtet eure Herzen nicht. Er hat alles für euch hingegeben, und ihr gebt ihm so wenig zurück. Warum tut ihr das? Und wie könnt ihr nur so undankbar sein gegenüber Gott, der euch so sehr liebt und der euch durch seine erhabene Passion und Auferstehung seine Liebe in solcher Fülle und Vollkommenheit gezeigt hat? Ich habe nichts mehr hinzuzufügen. Mein Sohn will jetzt zu dir sprechen. Alles, was zu sagen ist, habe ich in Fatima und bei den anderen Erscheinungen gesagt. Höre jetzt meinen Sohn.»

Jesus: «Mein vielgeliebtes Kind, schaue dieses Herz an, das für eure Sünden verwundet worden ist. Unaufhörliche Gnadenströme gehen von ihm aus und ergießen sich über meine Kinder, die durch die Sünde so geschwächt worden sind. Sie begreifen nicht, welchen Schmerz sie mir durch ihre Sünden zufügen, mir ganz persönlich. *Ich will, daß du Genugtuung leistest für die Wunde meines Herzens, welche zeigt, wie sehr ich durch die Sünden der Menschheit zerbrochen worden bin.* Mein Herz ist durch ihre Sünden zerbrochen. Schenke mir Akte der

Wiedergutmachung für diese Beleidigung und tröste deinen Gott.

Bis jetzt bin ich mit deinen Abstrengungen zufrieden, aber ich werde bald sehr viel mehr von dir verlangen. Während dieser ganzen für dich recht schwierigen Periode wirst du meine Mutter zur Führerin haben; aber du darfst nicht zögern, den Willen Gottes zu tun. Ich habe viele auserwählt, um mir auf diese Weise zur Seite zu stehen, und du bist eine von ihnen.»

Mariamante: «Fiat, zögere nicht, Herr! Was auch immer dein Wille sei, er möge in mir geschehen, Gib mir nur die Kraft, zu leiden, ohne dich jemals zu beleidigen!»

Jesus: «Mein Kind, es gibt viele Dinge, die du noch nicht verstehst, aber du wirst bald mehr darüber wissen.»

Mariamante: «Ich wünsche nichts anderes, mein Herr und Gott, als deinen Willen zu tun.»

Jesus: «Ja, ich weiß. Gehe jetzt in Frieden.»

Freitag, 17. April 1987
Karfreitag, 13.10 — 13.45 Uhr

Betrachtet mein Leiden

Vision der Schmerzensmutter, danach unseres Herrn, wie er sein Heiligstes Herz zeigt:

Die Gottesmutter: «Die Visionen werden jetzt für einige Zeit aufhören, und viele werden den Kopf schütteln über dich. Es wird Augenblicke geben, wo du selbst von starken Zweifeln befallen wirst wegen der Dinge, die mit dir geschehen sind. Das wird für dich die dunkle Nacht sein, die Zeit der Reinigung und Heiligung, die mein göttlicher Sohn notwendig hat, um in größerer Fülle in dir leben zu können. Wenn sie vorüber sein wird, dann wirst du in eine wundervolle Periode eintreten. Habe Vertrauen und halte durch in allem, was du auch bisher für den Herrn getan hast. Du wirst eine zeitlang von vielen geschmäht werden, selbst von denen, die dir am nächsten stehen, aber habe keine Angst, denn deine Hilfe ist im Namen des Herrn, der dich zu gegebener Zeit aus aller Drangsal befreien wird.

Mein Sohn wünscht mit dir zu sprechen.»

Jesus: «Mein Kind, vergiß niemals meine Passion. Betrachte sie, so wie du heute die Passion und eure Erlösung betrachtet hast. Die Welt vermag die Passion nicht zu verstehen, weil diejenigen, die nicht zu mir gehören, ihren tiefen Sinn nicht zu begreifen vermögen. Sie sind deshalb unfähig, ihn zu verstehen, weil er jedes rein menschliche Begreifen übersteigt. Die Weisheit Gottes übersteigt das Denken und Verstehen der Menschen. Darum habe ich euch meinen Heiligen Geist gegeben, damit ihr die Dinge Gottes zu begreifen vermögt.

Lobpreist die Allerheiligste Dreifaltigkeit! *Betrachtet mein Leiden* und vergeßt nicht meine Liebe zu euch; eine Liebe, wie sie niemand anders hat als ich. *Ich habe mein Leben hingegeben für die Welt, und die Welt erkennt mich nicht.* Tröstet euren Gott, leistet durch eure Werke Genugtuung für die Sünden, und sagt den anderen, daß sie es ebenso tun sollen. Gebt Liebe für Liebe, das ist die beste Art, um Genugtuung zu leisten; nichts anderes ist mit einer solchen Genugtuung zu vergleichen, und sie verherrlicht mich.

Seid gut zueinander und folgt in allen Dingen meinem Beispiel. Ladet mich ein, in eure Herzen zu kommen, damit ich dort den Willen des Vaters für jeden von euch auf die gleiche Weise erfülle, wie ich ihn für mich selbst erfüllt habe.

Habe keine Angst. Dein Gott liebt dich. Ich werde dich jetzt segnen, und ich will, daß du dich vor den Tabernakel begibst. *Bete das Allerheiligste Altarssakrament an, es ist mein für die Menschheit verwundetes Heiligstes Herz.»*

Dienstag, 28. April 1987
18.05 — 18.35 Uhr

Der Weg der Vollkommenheit

Vision des Jesuskindes:

Das Jesuskind: «Vertraue mir und schreibe, was ich dir sage. Die Gottlosigkeit der Welt ist jetzt auf ihrem Höhepunkt angelangt. Als Beweis mag euch genügen, wie die kleinen Kinder und die Ungeborenen hingeopfert werden. Niemals zuvor ist dies in einem solchen Ausmaß geschehen. Das ist eine schwere Beleidigung für meinen himmlischen Vater. Er ist vorbereitet, die Welt von ihrer Sünde zu reinigen, aber die Hand der Gerechtigkeit wird von denen zurückgehalten, die mir und meiner Mutter Sühne leisten für die Sünden. Deshalb will ich, daß ihr eure Zeit dazu benutzt, den ganzen Tag über Akte der Wiedergutmachung zu leisten und in Geduld alles anzunehmen, was Gott euch schickt.

Führt ein Leben intensiven Gebetes, ohne euch zu beklagen. Bleibt immer in Vereinigung mit mir und meinem Heiligsten Herzen und dem Unbefleckten Herzen meiner Mutter. Mit großer Freude eilen wir uns, all denen zu helfen, die uns aufrichtig anrufen und ein besseres Leben zu führen wünschen. Betet für die, die mich noch nicht kennen. Sie werden zu gegebener Zeit die Gnade der Erleuchtung empfangen, eine unvergängliche Rose, die in Ewigkeit blüht, für jene, die durch Gebet und Opfer mitgeholfen haben, daß diese Seele sich bekehrte.

Ich rufe viele dazu auf, auf meine unendliche Liebe zu antworten, aber es gibt so viele, die sich in einem ganz elenden Zustand befinden, ganz eingetaucht sind in Sünden und den Geist der Welt. Wenn diejenigen, die mich kennen und mir dienen, jetzt heroische Anstrengungen unternehmen, dann werden viele von ihnen die Gnade haben, sich zu bekehren, und zwar auf Grund der außerordentlichen Zeit der Gnade, in der ihr lebt.

Ich bitte jetzt um die Hilfe meiner Nachfolger, besonders jener, die meiner Allerseligsten Mutter geweiht sind, damit sie mit ihr zusammen diesen Kampf um die Seelen führen, die in so großer Gefahr sind. Der Böse ist überheblich, denn er ist der Ansicht, sehr viele Seelen gewonnen zu haben. Der Plan des Himmels ist indessen weitaus mächtiger und herrlicher und wird alle diejenigen umfassen, die sonst den Händen des Widersachers zum Opfer fielen, denn er ist jetzt derart aktiv. Für euch ist es jetzt nötig, euch ganz für die Sache meiner Mutter einzusetzen. Sie wird nicht aufhören, euch genau über das zu belehren, was zu geschehen hat.

Ich will nicht, daß du dich darüber beunruhigst, auf welche Weise diese Vorhersagen sich verwirklichen werden. Nur das Vertrauen ist notwendig, und, wie du ja aus früheren Erfahrungen weißt, ich werde dir niemals mehr aufladen, als du zu tragen vermagst. Es gehört zu meinem Plan der Barmherzigkeit, daß alle schon hier auf Erden in ihrer Seele gereinigt werden, um in der Stunde ihres Todes zu mir in den Himmel kommen zu können. Ich wünsche nicht, sie im Fegefeuer leiden zu sehen, sondern ich wünsche, daß sie nach ihrem Tode gleich zu mir kommen. Wenn ich zu dir spreche, dann spreche ich damit gleichzeitig auch zu vielen anderen. Es sind dies elementaren Wahrheiten, die ich denen zu erkennen geben möchte, die sonst niemals von mir hören würden oder die nicht fähig wären, sie in einer gehobenerer Sprache zu verstehen.

Du hast mir bis jetzt gut gedient. Mache weiter so und ermutige auch andere, es ebenso zu tun. Es ist die Zeit der Verzeihung und der gemeinsamen Bemühungen um das Heil der Seelen. Nichts soll dich von dieser Sendung abhalten, die meine Mutter dir anvertraut hat.

Überlaß dich weiterhin der Seelenführung des Priesters; er ist von Gott erleuchtet, wenn es sich um deine Seele handelt.

Ich werde dich jetzt segnen. Erbitte auch weiterhin den Segen heiligmäßiger Priester. Dadurch wirst du weiterkommen in deinem Bemühen um Heiligkeit, und so wirst du einen Schutz für deine Seele erhalten.»

Mariamante: «Kleiner Herr Jesus, ich liebe dich. Bitte, gewähre mir die Gnade, alles zu tun in Übereinstimmung mit deinem Willen und dem Plan deiner Allerseligsten Mutter.»

Das Jesuskind: «Ich werde es tun. Gehe jetzt in Frieden und erfülle deine Pflichten mit Liebe.»

Samstag, 2. Mai 1987
Im Lauf des Tages

Bete das Allerheiligste Altarssakrament an

Vision der Gottesmutter und unseres Herrn als Erwachsener in der katholischen Kirche von…, während ich vor der Statue der Gottesmutter kniete, die wegen des Maimonats gekrönt war:

Die Gottesmutter: «Bete das Allerheiligste Altarssakrament an…»[37]

In der Zeit zwischen dem 2. und 12. Mai 1987
(Datum nicht aufgezeichnet)
16.30 — 16.55 Uhr

Die Sakramente sind unentbehrlich für das Heil der ganzen Menschheit

Vision des Jesuskindes:

Das Jesuskind: «Du bist geschützt, wenn du im Gehorsam bleibst. Mache weiter so. Du bist vom Priester nur durch die Kilometer getrennt. Im geistlichen Bereich gibt es keinen Abstand. Bete auch weiterhin für ihn, für seine Heiligkeit und daß er den Willen Gottes tut. Er braucht deine Gebete, ebenso wie auch alle meine Kinder, die in dieser Zeit der Bosheit leben. Meine Mutter wendet sich in besonderer Weise ihren Priestersöhnen zu; als Gegengabe wünscht sie deren Hingabe. Ihr könnt durch eure Gebete dazu beitragen.

Ich will, daß all meine Priester meiner Mutter eifrig ergeben sind. Wenn man nur endlich verstehen wollte, mit welch unermeßlicher Liebe ich meine Mutter liebe, und wenn man sie sich, je nach den persönlichen Möglichkeiten, als Beispiel nehmen

37 Die Gottesmutter sagte auch in etwa dies: «Bis jetzt hast du es gut gemacht mit deinen Bemühungen. Bete das Allerheiligste Sakrament an.» Ich erinnere mich aber jetzt nicht mehr an jedes einzelne Wort, da ich dies erst heute, Montag, 4. Mai, niederschreibe. Nach der Vision begab ich mich sofort vor den Tabernakel, und ich tat, wie sie es mir gesagt hatte. Ich hatte auch vor dem Tabernakel gebetet, ehe ich mich zu der Statue begab, wo ich die Vision hatte. Mariamante.

wollte, dann würde diese Bemühung mich ehren, und ich würde sie durch überreiche Gnaden und Segnungen belohnen. Ich bin betrübt über die große Zahl derer, die die Bedeutung dieses Aspektes des Glaubens aus den Augen verloren haben und sich weiterhin so verhalten, als hätte das keine Bedeutung.

Fördere die Verehrung meiner Mutter und ganz besonders ihres Unbefleckten Herzens durch deine Gebete und durch dieses Apostolat. Das Leben des Gebetes, zu dem du berufen bist, beinhaltet auch die Verpflichtung, für die Priester zu beten, da sie unentbehrlich sind für die Ausbreitung meines Reiches auf Erden, sowie auch für die Bewahrung des Glaubens. Ohne die Sakramente würden alle verlorengehen.

Die Sakramente sind unentbehrlich für das Heil der ganzen Menschheit; sie werden euch durch meine Priester gegeben. Betet für sie und erbittet für sie immer die Heiligkeit und die geistliche Vervollkommnung, und heute ganz besonders eine Loslösung von den Dingen dieser Welt.

Die Welt unterhöhlt beständig meine Kirche in den Fundamenten des Glaubens. Es ist jetzt notwendig, ein Bollwerk zu errichten, um diese Zersetzung alles dessen, was heilig ist, zum Stillstand zu bringen. Betet für die Heiligkeit meiner Priester und für euch selbst, die Laien, und ihr werdet sehen, in welchem Ausmaß die Welt sich ändern wird. Ihr müßt die Instrumente meiner Heiligkeit auf Erden sein, denn die Welt kennt mich nicht.

Ich wünsche dir meinen Plan noch genauer mitzuteilen, und ich werde es bald durch meine Mutter tun. Gehe jetzt in Frieden, denn ich segne dich aus ganzem Herzen.»

Mariamante: «Kleines Herr, erbarme dich meiner und bilde mein Herz nach deinem Herzen!»

Das Jesuskind: «Ich werde es tun.»

Dienstag, 12. Mai 1987
14.30 — 14.53 Uhr

Meine Barmherzigkeit kennt keine Grenzen

Vision des Jesuskindes:

Das Jesuskind: «Du hast so viele Befürchtungen, aber du mußt dich davon befreien. Du lernst es jetzt, mit den Augen der Seele zu sehen. Um die Dinge des Geistes zu verstehen, ist es notwendig, alles auf diese Weise zu betrachten, das heißt, geistlicherweise, wie mit den Augen der Seele. Das ist sowohl wörtlich als auch bildlich gemeint.

Wie wir es dir bereits gesagt haben, wollen wir nicht, daß du dich wegen der Verwirklichung dieser Prophezeiungen beunruhigst, denn es wird dafür gesorgt werden, auch nicht über die Art und Weise, wie die Dinge sich verwirklichen werden, denn das liegt nicht in deiner Hand. Deine Sendung besteht im Gebet, damit in dieser Zeit der Wille Gottes auf Erden geschehe. Meine Mutter ist dein Beistand; sie ist es, die dich zur Heiligkeit führen wird, wenn du unseren Bitten entsprichst. Ich weiß, daß du wegen der Situation von… besorgt bist. Ich will, daß du in dieser Angelegenheit die Ruhe bewahrst und dich nicht ständig abquälst. Immerhin hat diese Periode zu deiner eigenen Reinigung beigetragen, wie es dir ja schon vorher gesagt worden war.

Jetzt ist indessen für dich die Zeit gekommen, wo du in dieser Angelegenheit den Frieden wiederfinden mußt. Meine Mutter wird morgen in dieser Sache über dich wachen, denn es ist ihr Tag, an dem es sich geziemt, sie ganz besonders zu verehren, und zwar durch eine Liebe und eine Kraft, die nichts anderes suchen als den Willen Gottes, so wie sie es in der Vergangenheit schon in Fatima verlangt hat.

Meine Mutter wird dich immer beschützen und Fürsprache für dich einlegen. Du kannst dich dafür ihr gegenüber sehr erkenntlich zeigen und ihr dankbar sein, denn so, wie meine Barmherzigkeit keine Grenzen kennt, so ist es auch bei ihrer

Fürsprache der Fall, du kannst immer auf sie zählen, ebenso wie auch die anderen, die ihr eine solche Liebe entgegenbringen.

Ich will nicht, daß du deine Pflichten vernachlässigst. Gehe also und kümmere dich um dein Kind. Wir werden später fortfahren.»

Ich hatte ihn am Ende um seinen Segen gebeten, und ich wartete darauf, aber mein Sohn kam gerade aus der Schule, als das Jesuskind seine letzten Worte an mich richtete.

Dienstag, 19. Mai 1987
11.10 Uhr

Liebe meinen Sohn Jesus

Vision der Gottesmutter und des Jesuskindes:

Die Gottesmutter: «Mache eine Abschrift von all dem, was dir in den Visionen bereits mitgeteilt worden ist, damit es zur Verfügung steht, wenn der Priester zurückkommt. Mein Sohn und ich, wir wünschen, daß du dich durch Gebet auf das Pfingstfest vorbereitest und daß du eine besondere Novene zum Heiligen Geist hältst, so wie sie dir eingegeben wird. Sprich dieses Gebet an den neun Tagen, die dem Fest vorangehen und ihm folgen, zuerst als ein Bittgebet und dann als eine Danksagung:

"Komm, Heiliger Geist, erleuchte mein Herz, damit es die Dinge Gottes sieht;

komm, Heiliger Geist, komm in meinen Geist, damit ich die Dinge Gottes erkenne;

komm, Heiliger Geist, komm in meine Seele, damit ich nur Gott gehöre.

Laß mich nur Heiliges denken, sagen und tun, damit alles zur Ehre Gottes dient. Amen."

Du bist bekümmert, weil deine Begegnung mit dem Priester X nicht deinen Erwartungen entsprochen hat. Der rechte Augenblick ist nämlich noch nicht gekommen. Wenn ihr einander am Pfingstfest wieder begegnen werdet, dann wird es anders sein und so, wie ich es vorausgesagt habe. Die Gnade, die du gestern empfangen hast, daß du nämlich dorthin gehen konntest, verdankst du der Fürsprache des heiligen Antonius, da du ihn so sehr darum gebeten hast. Weil du zu ihm betest, legt er Fürsprache für dich ein, und er ist für viele ein mächtiger Fürsprecher im Himmel. Nimm auch weiterhin die Hilfe in Anspruch, die er dir gewährt, denn er ist einer deiner besonderen Beschützer, sowohl als geistlicher Vater wie auch als Franziskanerbruder.

Vernachlässige nichts von deinen täglichen Pflichten in deinem Eifer für die Seelen, damit sie dazu gelangen, Gott zu lieben; denn auf diese Weise wirst du sie näher zu Gott hinführen. Viele sind dazu aufgerufen, durch dieses Mittel und durch die Hilfe des Gebetes für die anderen Fürsprache einzulegen und ungeachtet ihrer eigenen Unvollkommenheit Genugtuung für die Sünder zu leisten. Die Barmherzigkeit Gottes wünscht es so. Es gibt in diesem Augenblick wenige, die sich in ihrem Zustand als Sünder der Liebe bewußt sind, die Gott ihnen entgegenbringt; viele wissen gar nichts von ihm. Ihr seid dazu aufgerufen, für sie zu beten und für ihre Sünden Sühne zu leisten.

Liebe meinen Sohn Jesus. Das ist mein Auftrag an dich. Liebe ihn mit der ganzen Kraft deines Herzens, und bitte den Heiligen Geist und mich selbst darum, immer in deinem Herzen und in deiner Seele gegenwärtig zu sein, damit wir Jesus Christus in dir Gestalt werden lassen können. Wenn dies geschehen ist, so wird es ein Vorgeschmack meines Triumphes sein. Ich wende mich auch an viele andere, wenn ich zu dir spreche.

Vergiß meine Worte nicht und tue, was dir gesagt worden ist. Gehe jetzt in Frieden und in der Liebe meines vielgeliebten Sohnes.»

Sonntag, 24. Mai 1987
11.55 Uhr

Das Zeitalter der beiden Herzen

Vision unseres Herrn, wie er sein Heiligstes Herz zeigt:

Jesus: «*Das Heiligste Herz und das Unbefleckte Herz sollen die ununterbrochene Quelle deiner geistlichen Erkenntnis und der Mittelpunkt deiner Gebete sein.* Es ist jetzt das Zeitalter dieser beiden Herzen, und so wünschen wir verehrt und verherrlicht zu werden. Viele von denen, die eine Vereinigung mit Gott suchen unter einer Form, die sie unbesehen für mehr oder weniger modern halten, wissen nichts von der Tiefe einer solchen Andachtsform; ihre Handlungsweise aber läßt sie auf einer niedrigeren Stufe nach der Heiligkeit streben. Sie suchen die Vereinigung durch rein menschliche Mittel, während das Gebot, das ich an sie richte, darin besteht, heilig zu sein, so wie mein himmlischer Vater heilig ist, dies aber erfordert eine übernatürliche Form der Liebe, die euch durch die Andacht zu den beiden Herzen im Überfluß gegeben wird. Dies ist das Mittel, das es euch ermöglicht, mit der gleichen Liebe zu lieben, mit der meine Mutter und ich uns lieben und den Vater verherrlichen.

Durch dieses Mittel wird euer Menschsein emporgehoben und befähigt, mit einer mehr göttlichen als menschlichen Liebe zu lieben. Durch diese Verehrung der beiden Herzen wird sich in euch die Königin aller Tugenden ausbreiten, nämlich die Gottes- und Nächstenliebe, die glühende Liebe, die durch das Feuer des Heiligen Geistes entzündet wird. Bittet den Heiligen Geist, daß er mittels dieser Andachtsform in eure Herzen eindringt, und ihr werdet sehen, wie schnell ihr Fortschritte macht auf den Wegen der Heiligkeit.

Das Herz meiner Mutter ist euer himmlischer Garten voll erlesener Wohlgerüche, die Blüte, die die Allerheiligste Dreifaltigkeit schmückt und die im Überfluß ihre Liebe verströmt. Mein Herz ist die Quelle dieser Liebe für sie und für euch; eine Liebe, die sich keinem von denen verweigert, die sie mit kindlichem Vertrauen von ihrem Erlöser erbitten, der sie so unendlich liebt.

So wie der Vater und ich durch den Heiligen Geist in Liebe vereint sind, jenseits von allem, was der menschliche Geist zu verstehen vermag, so ist es auch mit der Liebe, die meine Allerseligste Mutter und mich vereint; zwar auf niedrigerer Stufe, aber von Natur aus gleichermaßen unendlich, wegen meiner zweifachen Natur als Mensch und als Gott. Ich rufe euch alle dazu auf, euch mit einer ebensolchen Liebe zu lieben, in dem Maße, wie ihr schon durch eure Erschaffung dazu befähigt worden seid. Wenn auch niemand mit der gleichen Vollkommenheit wie meine himmlische Mutter zu lieben vermag, so sind doch alle dazu aufgerufen, diese Liebe nachzuahmen, und zwar auf ihre eigene und einmalige Weise. So werden sie Gott auf eine einzigartige und kostbare Weise verherrlichen, die in ihrer Einzigartigkeit der der kleinen Kinder ähnlich ist.

Ich wünsche meinen Heiligen Geist über die Menschheit auszugießen und alle Menschen vor der Zerstörung durch die Kräfte des Bösen zu bewahren, die in der heutigen Welt so mächtig sind. Niemand, der nicht vollständig blind ist, was die geistlichen Dinge betrifft, vermag all das Böse zu leugnen, das in dieser Zeit einen solchen Schaden anrichtet. Ich aber habe Sehnsucht nach diesen Seelen, die ich mit solcher Zärtlichkeit und Fürsorge liebe. Hilf mir, sie zu gewinnen, damit sie zu mir zurückkehren. Hilf ihnen, mich zu lieben, indem du deine Gebete für die Verherrlichung des Vaters im Himmel aufopferst. Ungeachtet ihrer Sünden sind sie für mich von großem Wert. Ich rufe sie zu mir. Kommt, meine kleinen Kinder, ich bin euer Hirte, der Hirte eurer Seelen. Kommt und folget mir, und ich führe euch zu eurer himmlischen Heimat, wo ihr Ruhe, Frieden und Freude finden werdet.

Seht, ich habe euch ein Festmahl bereitet, und ich wünsche, daß ihr im Hause meines Vaters bei mir zu Tische seid. Wir werden dort für immer miteinander leben in der Freude und im Frieden. Amen.

Lob und Preis sei der Allerheiligsten Dreifaltigkeit! Betet mich im Allerheiligsten Altarssakramente an. Betet mein Heiligstes Herz an. Verehrt meine Mutter mit der zärtlichen Hingabe eines Kindes.

Gehe in Frieden.»

Montag, 25. Mai 1987
18.15 Uhr

Die Fürbitte der Heiligen

Vision unseres Herrn, wie er auf sein Heiligstes Herz weist; sein Antlitz war von großer Schönheit:

Jesus: «Der heilige Antonius legt Fürsprache für dich ein. Rufe auch weiterhin seine Hilfe an. Zusammen mit deinem seraphischen Vater Franziskus eilt er sich, seinen Kindern auf Erden zu helfen. Beide hören deshalb nicht auf, dir ihre Aufmerksamkeit zuzuwenden. Sie verstehen eure Schwäche und sind in der Lage, das zu ergänzen, was euch im Gebet an Glauben fehlt.

Dies ist der Sinn der Fürsprache der Heiligen: Das zu ergänzen, was euch mangelt, damit eure Gebete und eure Werke Gott angenehm werden, der nur das entgegennehmen kann, was aus reiner Gesinnung geschieht.

Meine Mutter legt eine ununterbrochene Fürsprache für euch ein, aber ihr dürft es niemals unterlassen, bei allem, was ihr tut, ihre Hilfe anzurufen, damit eure Handlungen durch ihre Fürsprache vollkommener werden. Sie bleibt das erhabenste Beispiel jeder fürbittenden Macht der Heiligen. Ich finde meine Freude in ihr; ebenso finde ich meine Freude in all denen, die mit ihr vereint sind.

Legt keinen allzu großen Wert auf die Äußerlichkeiten des geistlichen Lebens; achtet vielmehr auf das, was innerlich ist, nämlich auf den Willen und die Beweggründe, durch die eure Gedanken, Worte und Werke geleitet werden.

Bewahrt zu jeder Zeit ein gesammeltes Herz, und ihr werdet Frieden haben. Die Geschäftigkeit der Welt ist für ein tiefes Gebet nicht förderlich. Darum müßt ihr Abstand bewahren gegenüber der Welt, wenn ihr auch in ihr lebt.

Du bist bekümmert wegen deiner Unwürdigkeit, doch dagegen gibt es kein Heilmittel, denn die Wahrheit im Angesichte Gottes führt zur Erkenntnis, daß niemand der Gunsterweise würdig ist, die Gott ihnen gewährt. Er verlangt deshalb aber nicht weniger danach, sie freigebig zu spenden, indem er euch — um es so auszudrücken — seiner Wahl würdig macht, und zwar mehr als all das, was ihr aus euch selbst unternehmen könntet, um diese Gnade zu verdienen.

Gehe jetzt in Frieden und bleibe in der Freude, ohne dich zu beunruhigen.»

Mariamante: «Herr, gewähre mir, alles für dich und deine Ehre tun zu können.»

Jesus: «Ich gewähre es dir, aber du mußt liebenswürdig sein gegenüber all jenen, die dir auf deinem Weg begegnen. Das ist unbedingt nötig. Gehe jetzt in Frieden.»

Donnerstag, 28. Mai 1987
Fest Christi Himmelfahrt

Sein heiligstes Antlitz anbeten

Vision unseres Herrn:

Sein heiligstes Antlitz war anders als die vorigen Male, aber es ist schwer, das in Worten auszudrücken. Es fand ein persönliches Zwiegespräch statt, und danach bat er mich, sein Antlitz genau zu betrachten, denn es sollte in mein Herz eingeprägt werden, so wie ich ihn darum gebeten hatte. Das ermöglichte mir, sein heiligstes Antlitz anzubeten als Sühne für die ihm zugefügten Beleidigungen und Gotteslästerungen. In diesem Augenblick war ich hingerissen wie in einer Art Ekstase, die ziemlich lange andauerte, und als ich wieder zu mir kam, hatte ich ein Gefühl tiefen Friedens, zusammen mit einer Art von Süßigkeit, die ich aber nicht genau zu beschreiben vermag.

Sonntag, 31. Mai 1987
11.30 Uhr

Bete mein Heiligstes Herz an

Vision unseres Herrn, wie er sein Heiligstes Herz zeigt:

Jesus: «Ich bin der Weg, die Auferstehung und das Leben. Wer zu mir kommt, wird niemals dürsten. Es ist für euch die Stunde gekommen, an der Quelle des lebendigen Wassers zu trinken, dieses Wassers, welches das Leben gibt und welches Gnade ist, die Gnade meines Lebens, die in überreichem Maße über all jene ausgegossen wird, die sich in ihrem Elend an mich wenden.

Kommt zu mir, ihr alle, die ihr dürstet, und ich werde euch Ruhe geben. Kommt und trinkt an der Quelle des lebendigen Wassers, um dadurch eure Kräfte wiederherzustellen und den Frieden zu finden, der euch in den Mühen und Plagen eures Lebens Erfrischung gewährt. Ich kenne eure Bedürfnisse, denn ich bin es ja, der sie geschaffen hat. Ich weiß um eure Sorgen und die Probleme des Lebens in dieser Welt. Ich bitte euch darum, mir Vertrauen zu schenken und euch mit Hilfe meiner Gnade über das alles zu erheben.

Betrachtet dieses Herz, das die Menschheit so sehr geliebt hat und das so wenig Gegenliebe dafür empfing. Gebt mir die Liebe, die ihr mir schuldet, und ich werde in euch leben. Betet mein Heiligstes Herz an, das wegen eurer Bosheit zerbrochen ist. Pflegt diese Andacht als Sühneleistung für eure Sünden, und so werdet ihr das Leben in Überfülle besitzen.

Das Herz meiner Mutter soll der Ort deiner Ruhe sein, der Garten, in welchem du deinen himmlischen Erlöser anbeten kannst, der auch selbst dort geruht hat. Mein Herz wird dich von deinen Problemen befreien, wenn du dich mir in dieser Andacht hingeben willst.

Oh! Mit welch übergroßer Liebe hat das Herz meiner Mutter geliebt! Ahme ihre Liebe zu mir nach! Vernimm den Wohlgeruch, den die Liebe verströmt.

Das Feuer, das in meinem Herzen brennt, der Glutofen der Liebe ist zu stark, er übersteigt deine Kräfte. Bitte meine Mutter, daß sie dir bei deinen Bemühungen hilft.»

Montag, 1. Juni 1987
16.45 Uhr

Kommt zu mir, ihr Kinder meiner Mutter

Vision unseres Herrn, wie er sein Heiligstes Herz zeigt:

Jesus: «Mein Herz, dieser Abgrund der Liebe und der Tugenden, gehört euch, wenn ihr darum bittet. Ich wünsche mein Herz all denen zu schenken, die im Glauben und in der Liebe ihre Zuflucht zu mir nehmen. Ich suche Seelen, die mich lieben und damit Sühne leisten für die Sünden der Welt. Zögere nicht, diesem Ruf zu entsprechen. Komm eilends zu mir mit großmütigem Herzen und einem glühenden Geist, den der Heilige Geist mit übernatürlicher Liebe entzündet zur Sühne für die Sünden.

Kommt zu mir, ihr Kinder meiner Mutter, ihr Bräute meines Herzens, die ihr seit dem Anbeginn der Zeiten für mich auserwählt, im Schoße meiner Mutter ernährt und durch ihre Tugenden rein gemacht worden seid. Laßt euch durch sie belehren. Ahmt ihre Tugenden nach. Folgt ihrem Beispiel, wenn ihr mir wohlgefällig sein wollt.

Ich bin sanftmütig und demütig von Herzen. Schenke mir deine Demut. Ich bin sanftmütig; schenke mir deine Sanftmut. Ich bin die fleischgewordene Liebe; schenke mir deine Liebe. Hoffet auf mich, daß ihr würdig gemacht werdet durch den Nachlaß eurer Sünden und die heroischen Tugenden meiner Mutter, die alle nachahmen sollen. Seid lebendige Glutöfen der Liebe, die brennend sind von Liebe zu Gott und zu den anderen. Seid liebenswürdig und zur Verzeihung bereit.

Kommt jetzt an mein Herz. Ich werde euch Ruhe schenken. Amen, ich sage euch, niemand kann in den Himmel kommen, es sei denn durch mein Herz. Amen. Gehe jetzt in Frieden.»

Mariamante: «Herr, ich bitte dich, entzünde mein Herz in Liebe zu dir, damit ich dich so lieben kann, wie du es verdienst, aus all meinen Kräften und meinem ganzen Sein.»

Jesus: «Ich werde tun, um was du bittest.»

Als er dies gesagt hatte, bin ich in Ekstase gefallen und längere Zeit in diesem Zustand verblieben, etwa eine halbe Stunde. Während dieser Zeit betete ich von Zeit zu Zeit in poetischem Stil, indem ich Gebete und Hymnen der Liebe für den Herrn und unsere Liebe Frau dichtete. Hier sind einige davon, die ich aufschrieb, nachdem ich wieder zu mir gekommen war:

Mariamante: «Oh, Mutter, schmücke mein Herz mit deiner Liebe.

Schmücke meinen Geist mit deinem Glauben.

Schmücke meine Seele mit der Überfülle deiner Reinheit und deiner Tugenden,

damit ich würdig werde, eine Braut Christi zu sein, des Königs der Könige. Amen.»

«Möge mein Herz ein Garten sein, wo er Ruhe findet, und ein Erholungsort für sein Allerheiligstes Herz.

Oh, göttliche Liebe, komm und wohne in mir.

Richte in meinem Herzen deine Wohnstatt auf.

Das Herz meiner Mutter ist eine Rose.

Wenn ich die Blüte öffne, finde ich inmitten der Blütenblätter meinen Jesus,

wundervoll anzuschauen,

in leuchtendem Weiß,

in strahlender Herrlichkeit.

Mein Gott, ich liebe dich; für immer will ich dein Lob singen!

Du bist lauter Schönheit und Güte,

Süßigkeit und Licht, Freude und Frieden. Amen!

Meine Mutter wird das ergänzen, was mir fehlt. Sie wird mich Christus wohlgefällig machen.»

Donnerstag, 4. Juni 1987
17.00 Uhr

Fürchte dich nicht vor den Prüfungen

Vision unseres Herrn und danach der Gottesmutter:

Jesus: «Es wird für dich zunehmend schwieriger werden, weiterhin unbeobachtet zu bleiben. Das wird ein Teil deines Kreuzes sein, und so ist es vor dir auch vielen anderen ergangen. Gewiß, man wird nicht von dir sprechen, ohne dazu aufgefordert worden zu sein; aber laß nicht zu, daß irgend jemand einen zu großen Einfluß auf dich ausübt, auch sollst du dich in keiner Weise darum kümmern, was böswillige Leute etwa von dir sagen werden. Es wird Augenblicke geben, wo du am liebsten fortlaufen möchtest, um dich den Blicken der anderen zu entziehen, aber fürchte dich nicht; ich werde bei dir sein, und ich werde dich schützen, ebenso wie auch meine Mutter, die mithelfen wird, das Herz derer zu rühren, die ungünstig von dir sprechen.

Die Natur dieser Visionen wird den anderen nicht geoffenbart werden, aber du wirst wegen anderer geistlicher Geschehnisse leiden, die die anderen nicht verstehen, ausgenommen der Priester und diejenigen unter seinen Mitarbeitern, die jetzt meinen Willen erfüllen.

Mache dir nicht allzu viele Sorgen; das alles gehört zu dem geistlichen Weg, den alle zu beschreiten haben, die nach der Vollkommenheit streben. Sehr zahlreich sind meine Heiligen, die wegen ihrer Frömmigkeit furchtbare Leiden durch die Gottlosen zu erdulden hatten. Du aber wirst vor allem deshalb davon verschont bleiben, weil es unser Wunsch ist, deiner Familie jene Prüfungen zu ersparen, die im Augenblick ihre Kraft übersteigen würden. Meine Mutter wird dich beschützen: Rufe sie an.»

Die Gottesmutter: «Mein Sohn hat mit dir über Prüfungen gesprochen, und ich möchte jetzt mit dir über die Liebe sprechen mit all der Zärtlichkeit, die eine Mutter für ihre Kinder hegt. Habe keine Angst vor den Prüfungen, nimm sie vielmehr mit Freude entgegen, denn sie sind der rechte Weg, der dich zum Herrn hinführt.

Ich werde über dich wachen bis hin zu den unbedeutendsten Kleinigkeiten, und du wirst dich meines mütterlichen Schutzes erfreuen.

Gehe jetzt und habe keine Angst vor dem, was dir widerfahren kann, denn dies ist notwendig. Der Friede sei mit dir, mein Kind. Gehe jetzt in Frieden!»

Mariamante: «Meine Mutter, ich bitte dich, beschütze mich und hilf mir in allem, was mich betrifft, damit ich den Willen Gottes erfüllen kann.»

Die Gottesmutter: «Ich werde es tun.»

Freitag, 5. Juni 1987
Erster Freitag des Monats
15.35 Uhr

Das Fegfeuer

Vision unseres Herrn, wie er sein Heiligstes Herz zeigt:

Jesus: «Durch die Sakramente wird es euch ermöglicht, das lebendige Wasser der Gnade zu schöpfen. Ihr selbst sollt es schöpfen. So werdet ihr euch frei machen und unbefleckt von der Sünde. Die im Beichtstuhl empfangenen Gnaden werden dich in den Wirrnissen deines geistlichen Lebens aufrecht erhalten und die Tugend in dir stärken.

Der Plan meines Vaters sieht für jeden einzelnen von euch vor, daß eure Sünden schon hier auf Erden vergeben werden können. Für die zahlreichen Seelen jedoch, die nicht aus sich selbst heraus zu diesem Mittel ihre Zuflucht nehmen wollen, hat er in seiner Barmherzigkeit einen Ort der Sühne nach dem Tode geschaffen. Zahlreich sind die Seelen, die mit glühender Sehnsucht danach verlangen, aus dem Fegefeuer befreit zu werden. Bete für sie. Diese heiligen Seelen können auch dir auf deinem Weg eine Hilfe sein, wenn du sie anrufst. Sie können für dich beten.»

Sonntag, 7. Juni 1987
Pfingstfest und Beginn des Marianischen Jahres

Die Prophezeiung ist erfüllt

Während ich mich im katholischen Sanktuarium von... befand, hatte ich zwei Visionen ohne Worte. Die Prophezeiung war erfüllt, so wie die Gottesmutter sie mir einige Zeit vorher in ihren Botschaften angekündigt hatte, bezüglich dessen, was am Pfingstfest geschehen sollte.

Dienstag, 9. Juni 1987
8.45 Uhr

Fürchte dich nicht, in die vordersten Linien gerufen zu werden

Vision des Jesuskindes:

Das Jesuskind: «Fürchte dich nicht! Es ist nicht alles verloren; aber der Priester muß schnell handeln, wenn er nicht die Wirkungen abschwächen will, die dieses Apostolat in der Welt haben wird. Wie wir es schon vorher gesagt haben, wenn man durch den Willen Gottes in die vordersten Linien gerufen wird, dann muß man fähig sein, eine schnelle und großmütige Antwort zu geben, wenn man die Übel unserer Zeit bekämpfen will. Wenn die Guten langsam und unentschlossen sind, um auf den Ruf Gottes zu antworten, dann schwächen sie die Wirkungen der Gnaden ab, die durch die Fürsprache meiner Allerseligsten Mutter und die Kraft meiner Barmherzigkeit auf die Erde ausgegossen worden sind.

Fürchte dich nicht, in die vordersten Linien berufen worden zu sein. Habe Vertrauen zu mir und zu meiner Mutter, damit du nicht in die Irre gehst. Wir wünschen nichts anderes als dies, dich zu einer außergewöhnlichen Heiligkeit hinaufzuführen. Das ist auch der Fall bei all jenen, die bereit sind, vollkommen meinem Ruf zu entsprechen und das auszuführen, was der Wille meines Vaters für sie auf Erden ist.

Es gibt aber nur so wenige, die das tun wollen, selbst wenn sie durch außerordentliche Gnaden gerufen worden sind! Sie verschließen ihr Ohr meinem Ruf und begnügen sich mit einem Weg, der geringere Anforderungen stellt als der der Vollkommenheit.

Wie traurig macht mich das! Habe ich euch nicht alles gegeben? Warum zögerst du nur, wenn ich dich darum bitte, mir als Gegengabe das zu schenken, was du nur durch meine Gnade und meine Barmherzigkeit empfangen hast? Ich wiederhole es dir, verschwende nicht deine Gnaden, verschwende nicht das, was dir gegeben worden ist, um nicht so zu sein wie jener Mann, der die empfangenen Talente in der Erde vergraben hatte und bei dem der Herr, als er zurückkam, um Abrechnung zu halten, keine Vermehrung des von ihm dem Diener anvertrauten Kapitals gefunden hatte. Wir beide, meine Mutter und ich, wir haben dich mit einer Sendung betraut, die das übersteigt, was du im Augenblick davon zu verstehen vermagst. Habe Vertrauen auf Gott, daß sie sich verwirklichen kann.

Laß dich nicht allzu sehr verwirren durch all das, was um dich herum geschieht. Es herrscht im Augenblick eine große Verwirrung und eine Flut von Worten. Bewahre das Schweigen, um das übermäßige Gerede zu bekämpfen. Tue das Gute, um das Böse zu bekämpfen. Sei heilig, um das zu bekämpfen, was nicht heilig ist. Fürchte nichts, außer der Sünde!

Befolge alles, was dir gesagt worden ist und halte durch in der Treue gegenüber dem Willen Gottes. Wenn du glaubst, um irgend etwas besorgt sein zu müssen, dann sprich ohne Bedenken mit dem Priester darüber, damit auch er über die negativen Kräfte, die ihn umgeben, erleuchtet wird.

Antwortet großmütig auf meinen Ruf. Wir kommen, um euch an euren guten Willen zu wenden, damit der Triumph meiner Mutter auf der ganzen Erde sich verwirklichen kann. Ihr habt das Glück, dazu aufgerufen worden zu sein. Seid dankbar. Gehe jetzt in Frieden!»

Mariamante: «Kleiner Herr Jesus, ich bitte dich, gib mir diesen guten Willen.»

Das Jesuskind: «Ihr müßt wirklich bereit werden, in allen Dingen den Willen Gottes zu tun, selbst wenn Außerordentliches damit verbunden ist. Das ist ganz besonders beim Priester der Fall. Auch du selbst mußt in deinem eigenen Leben für den Willen Gottes aufnahmebereiter werden.

Gehe jetzt in Frieden; ich segne dich.»

Mittwoch, 10. Juni 1987
14.20 — 14.50 Uhr

Das Zeitalter meiner Barmherzigkeit ist gekommen

Vision unseres Herrn, wie er sein Heiligstes Herz zeigt, und der Allerseligsten Jungfrau, wie sie ihr Unbeflecktes Herz zeigt:

Jesus: «Der Triumph des Unbefleckten Herzens meiner Mutter hat bereits begonnen. Freue dich und sei glücklich, daß du daran teilhaben kannst. Die Herrschaft meines Heiligsten Herzens ist die Erfüllung der Verheißungen von Fatima, nämlich die Herrschaft des Friedens, welche angekündigt worden ist.

Dieses Zeitalter des Friedens, das die ganze Welt umfassen wird, wird die Erfüllung des Triumphes des Unbefleckten Herzens Mariens, meiner Mutter, sein. Der beklagenswerte Zustand, in dem die heutige Welt sich befindet, wird sich für eine gewisse Zeit nach dem Bilde des himmlischen Reiches meines Vaters umwandeln, und es wird Frieden sein.

Ich sage es noch einmal, freuet euch, daß ihr den Vorzug habt, in dieser Zeit zu leben. Viele sind sich der Bedeutung der Zeit, in der sie leben, nicht bewußt; das alles wird sich ändern, sobald es offensichtlich wird, daß etwas Einzigartiges und Übernatürliches auf dem Erdenrund zu geschehen beginnt.

Ich bin erfreut über deine Antwort, und ich hoffe, daß auch andere dem an sie ergangenen Ruf entsprechen werden, damit alles sich schnell und zur größten Ehre meines Vaters vollziehen kann. Du wirst zahlreiche Gelegenheiten erhalten, den Willen meines Vaters zu erfüllen, aber zögere nicht, wenn der Ruf an dich ergeht. Das Heil zahlreicher Seelen steht auf dem Spiel. Das ist der Grund, warum so viele außerordentliche Gnaden ausgegossen werden.

Das Zeitalter meiner Barmherzigkeit ist gekommen. Ich will den Himmel mit der Erde vereinen in einer Hymne der Liebe zu Ehren der Allerheiligsten Dreifaltigkeit. Ich rufe euch zur Freude auf. Die Zeit ist gekommen. So sei es. Amen!

Meine Mutter möchte mit dir sprechen.»

Die Gottesmutter: «In seiner Barmherzigkeit hat mein Sohn gewünscht, daß alle Zugang zu dem erhalten, was jetzt geschieht. Alle, die in dieser gegenwärtigen Zeit leben, sollten sich die Verdienste der Heiligen zunutze machen, um miteinander vereint zu sein in dem großen Plan, der sich vom Himmel her entfaltet.

Fürchtet euch nicht, voranzuschreiten, wenn ihr gerufen werdet. Viele werden gerettet werden, und zwar durch die reine Barmherzigkeit Gottes und meine Fürsprache.

Es wird oft versucht werden, das Werk zu vernichten, das durch dich geschieht. Darauf mußt du gefaßt sein. Diese Versuche werden indessen lediglich bewirken, die Verdienste des Unternehmens zu vermehren, und letzten Endes werden sie nur dazu dienen, es als *Bewegung der Liebe und des Glaubens* zu festigen.

Denke daran, daß am Ende nur drei Dinge bleiben werden: der Glaube, die Hoffnung und die Liebe, und daß das größte von diesen dreien die Liebe ist. Bleibe in der Liebe, und du brauchst nichts zu fürchten. Tue alles aus Liebe, so daß deine Absichten und deine Handlungen dem ursprünglichen Willen Gottes entsprechen. Bewahre die Liebe und das Vertrauen, so daß der Himmel seinen Plan auf der ganzen Erde durchführen kann, zur größeren Ehre Gottes, für die ganze Ewigkeit. Gehe jetzt in Frieden; wir segnen dich.»

Donnerstag, 11. Juni 1987
15.00 — 15.40 Uhr

Es muß Buße getan werden für so viele Sünden

Vision unseres Herrn und der Gottesmutter, wie sie auf ihr Heiligstes und ihr Unbeflecktes Herz hinweisen:

Jesus: «Es ist nicht immer leicht, für die Sünden Genugtuung zu leisten. Um die Gerechtigkeit Gottes zu beschwichtigen, muß Sühne geleistet werden, und zwar sowohl gegenüber dem Heiligsten Herzen (Jesus) als auch gegenüber dem Unbefleckten Herzen (Mariens). Ich rufe all meine treuen Nachfolger zur Mitarbeit auf bei dieser wichtigen Aufgabe, für so viele Sünden Sühne zu leisten. Opfert eure Leiden auf, zusätzlich zu euren täglichen Pflichten.

Seht die Spuren der Mißhandlungen, von denen mein Antlitz bedeckt ist. Seht, was die Sünde mir angetan hat. Wieviel Leid, wieviele Schmerzen hat sie mir und meiner Allerseligsten Mutter verursacht! Leistet Sühne dafür! Heilt die Wunden, die die Soldaten mir zugefügt haben. Sie handelten im Namen aller Sünder aller Zeiten. Sie haben mich auf die furchtbarste Art mißhandelt, noch weitaus furchtbarer, als man es im allgemeinen glaubt. Meine Mutter hat auf das Entsetzlichste gelitten, als sie sah, wie ich mit solchem Haß gequält und mißhandelt wurde. Ich, der ich so sanftmütig war, wurde dennoch so grausam mißhandelt! Euer Schöpfer stand unter der Gewalt seiner Geschöpfe, damit ihr gerettet werden konntet. Ihr vermögt das ganze Ausmaß einer solchen Barmherzigkeit nicht zu begreifen.

Bereite dich vor, so zu leiden wie ich. Nimm dein Kreuz und folge mir. Wer das ewige Leben erlangen will, muß dafür leiden. Es kann auf keinem anderen Weg erreicht werden, ausgenommen die kleinen unschuldigen Seelen, die im Zustand der Unschuld sterben und noch nicht das Alter der Vernunft erreicht haben. Nimm dein Kreuz und folge mir. Das ist der Weg, der beschritten werden muß. Amen. Gehe jetzt in Frieden.»

Mariamante: «Herr, ich bitte dich, mich zu stärken, damit ich das Kreuz tragen kann, wie du es willst, um was immer es sich auch handelt.»

Jesus: «Ich werde es tun. Erinnere dich, daß mein Joch sanft und meine Last leicht ist. Wenn du mit mir vereinigt bist, wird es sich in Freude verwandeln. Meine Mutter möchte mit dir sprechen.»

Die Gottesmutter: «Mein Sohn legt nur denen Kreuze auf, von denen er weiß, daß sie sie tragen können. Seht die Barmherzigkeit eures Gottes: Er erlaubt euch, für die Errettung der Seelen zu leiden und daß dies für euch eine Quelle der Freude wird. Du wirst das später besser verstehen, es wird vielleicht anders sein, als du es dir vorstellst, aber ich sage dir, es wird Freude sein im Himmel unter den Engeln und Heiligen wegen derer, die bereit sind, bei der Erlösung der Seelen mitzuarbeiten. Groß wird ihr Lohn im Himmel sein, und ihre Freude wird niemals ein Ende haben. Ich, die ich eure Mutter bin, ich sage es euch, und ich verspreche es euch heute, daß ihr unter diejenigen gezählt werdet, die den Vorzug hatten, nach dem Beispiel meines Sohnes, eures Schöpfers, zu leiden.

Der Friede sei mit dir. Gehe in Frieden und tue, was man von dir erwartet.»

Samstag, 13. Juni 1987
Fest des heiligen Antonius von Padua und der zweiten
Erscheinung der Gottesmutter in Fatima

Opfere deine Leiden auf

Vision der Gottesmutter während einer Wallfahrt zur Kirche des heiligen Antonius von Padua, am Tag seines Festes:

Die Gottesmutter: «Laß dich nicht zerstreuen von all dem, was um dich herum vor sich geht. Es ist der Teufel, der diese Unruhe stiftet, um das Werk zu verhindern, das nun bald beginnen wird. Du mußt dich über das alles erheben, um meinen Plan ausführen zu können. Der Widerstand des Priesters darf dich nicht daran hindern, in deinen Bemühungen fortzufahren, den Willen des Herrn zu erfüllen. Ich werde mich selbst an ihn wenden, wenn er nicht offen ist für die Anregungen von dir. Nutze diese Zeit als ein Mittel zu deiner eigenen Reinigung, und opfere deine Leiden dafür auf, daß das Apostolat beginnen kann…

Gehe und fürchte dich nicht. Deine Kleinen brauchen dich jetzt. Halte aber durch bei all den Anweisungen, die wir dir gegeben haben. Gehe in Frieden.»

Donnerstag, 18. Juni 1987
12.30 — 13.00 Uhr

Die Reinheit der Absicht

Vision des Jesuskindes, danach der Gottesmutter:

Das Jesuskind: «Heute möchte ich mit dir über die Tugend der Gottes- und Nächstenliebe sprechen, sowie über die Reinheit, die in den Absichten bestehen muß und in allen Willensakten. Diese Form der Reinheit hat natürlich nichts mit jener anderen Form der Reinheit zu tun, die den Körper und das Fleisch betrifft; hier hingegen handelt es sich um etwas rein Geistiges, um einen ausschließlich geistigen Aspekt der menschlichen Natur.

Ich wünsche, daß alle meine Kinder in allem, was sie tun, sich von diesem wesenhaft geistigen Aspekt ihrer Natur leiten lassen. Dies wird ermöglicht durch die Reinheit der Absicht, von der ich jetzt sprechen will. Ihr werdet mich fragen, wie sie zu erreichen ist. Wie immer, so sage ich auch jetzt: durch das Gebet.

Bittet mich um alles, was die geistlichen Güter betrifft, und ihr werdet es erhalten. Von meiner Natur her bin ich sozusagen unfähig, solche Bitten zu verweigern, es sei denn, daß die Sünde ein Hindernis in der Seele bildet. In einem solchen Fall genügt es, seine Sünden in der Beichte zu bereuen und den festen Entschluß zu fassen, nicht von neuem die gleiche Sünde zu begehen, und dann erneut um das Gleiche zu bitten, nämlich um die Reinheit der Absicht, wodurch alle eure Handlungen und

Gedanken mit dem Willen meines himmlischen Vaters gleichförmig werden.

Meine Mutter ist sogar davor bewahrt worden, darum bitten zu müssen, denn sie wünschte vom Augenblick ihrer Unbefleckten Empfängnis an nichts anderes zu tun als den Willen Gottes in allen Dingen. Alle anderen müssen jedoch diese Gunst erbitten, wenn sie Gott näher und näher kommen wollen, indem sie zu seiner Ehre nur seinen Willen erfüllen, jenseits aller menschlichen Interessen und Vorteile, die man für sich selbst erstreben könnte. Wenn dieser Grundsatz in der Seele einmal fest verankert ist, dann vermag sie aufzufliegen und sich auf den Flügeln der Liebe zu mir zu erheben, wie ihr euch ausdrückt, wenn ihr eine meiner großen Heiligen zitiert. Diese hatte es gut verstanden, und nachdem sie dies begriffen hatte, hat sie sehr schnell große Fortschritte gemacht.

Vergeßt nicht, daß alles, was im Leben meiner Heiligen geschieht, unmittelbar von mir kommt, was ihre hervorragende Heiligkeit und ihre Tugenden betrifft. Gott allein vermag solche Kräfte und Fähigkeiten zu gewähren, und dazu braucht es viele Gebete und Leiden.

Vom Standpunkt der Welt aus können diese Leiden beängstigend sein; aber du fängst jetzt an, auch ihre Schönheit zu sehen; .daher bist du in der Lage zu verstehen, daß alles, was Gott gibt, wirklich wunderbar ist und nur deshalb gegeben wird, um dadurch Gott näher zu kommen. Es hängt selbstverständlich von der persönlichen Antwort jedes einzelnen ab, ob daraus für den geistlichen Aufstieg Gewinn gezogen wird, oder ob es zum Stillstand oder gar zum Rückschritt kommt.

Diese grundlegenden Wahrheiten müssen heute klar herausgestellt werden, weil es nur so wenige gibt, die diesen Aspekt des geistlichen Lebens erkennen. Habt keine Bedenken, über die geistlichen Wahrheiten zu sprechen und versäumt nicht, das zu lesen, was meine Heiligen hierüber geschrieben haben. Ihre Schriften wurden vom Heiligen Geist geführt, er ermöglichte es ihnen, bedeutende Wahrheiten in klarer und gedrängter Form auszudrücken, die von all denen verstanden werden kann, die ernsthaft den geistlichen Weg beschreiten. Ich tue alles, um es euch so leicht wie möglich zu machen, zu mir zu kommen, damit alle meine Kinder auch diese Gaben empfangen können, die ich der Welt geschenkt habe, nämlich die Belehrungen, die meinen Heiligen über die grundlegenden Wahrheiten gegeben worden sind; das sind große Gaben in ihnen und durch sie für alle meine Kinder.

Hüte dich vor dem Widersacher, der dich und ebenso das Werk behindern will, das du für mich auszuführen berufen bist. Er ist wie ein hungriger Löwe, der darauf wartet, jemanden verschlingen zu können. Laß ihn keine Gewalt über dich gewinnen, wie es in der Heiligen Schrift heißt[38], und bewahre die Reinheit der Absicht, damit sich kein Gedanke an persönlichen Vorteil einzuschleichen vermag.

Strebe danach, in allen Dingen nichts anderes zu tun als den Willen Gottes, und du wirst immer unter meinem unmittelbaren Schutz stehen, sowie dem meiner Allerseligsten Mutter. Achte darauf, daß niemals das Gefühl die Oberhand über das Nachdenken gewinnt; sonst könnte der Widersacher auf sehr subtilen Wegen die Herrschaft über dich gewinnen.»

Mariamante: «Kleines Herr, wie kann ich das verhindern?»

Das Jesuskind: «Durch die häufige Beichte, damit deine Seele frei bleibe und nicht durch diese Unvollkommenheiten der Natur befleckt werde, und auch nicht durch die Sünden, die daraus entstehen können.

Meine Mutter möchte mit dir sprechen.»

Die Gottesmutter: «Mein Kind, die Gottes- und Nächstenliebe wird dich von all diesen Übeln befreien, die dir schaden könnten. Übe diese Liebe in allen Dingen. Liebe deinen Nächsten wie dich selbst, und du wirst fähig sein, über all die Fallen hinwegzuschreiten, die der Böse dir stellen will. Die Liebe verwirrt ihn mehr als alles andere, da sie seiner Natur und seinem Verstand entgegengesetzt ist, und wenn du sie übst, dann entreißt du ihm alle Siege aus den Händen.

38 Anmerkung des Übersetzers: Eph 4,27.

Befleißige dich dieser Liebe. Die Liebe und der heilige Gehorsam werden immer die Schutzwehr aller meiner Kinder sein. Amen.

Gehe jetzt in Frieden; wir segnen dich.»

Montag, 22. Juni 1987
16.20 Uhr

Gebt Liebe für Liebe

Vision unseres Herrn, wie er sein Heiligstes Herz zeigt:

Jesus: «Ich wünsche aus dem Munde meiner Kinder Anbetung und Lobpreis zu erhalten. Nur so selten kann ich ihn vernehmen, denn viele von ihnen verbringen einen großen Teil ihrer Gebetszeit mit Bitten, um Gunsterweise zu erlangen. Ja, es ist wahr, daß ich danach verlange, meinen Kleinen zu helfen, aber habt ihr niemals Zeit für euren Schöpfer selbst? Müßt ihr mit euren Gedanken immer bei anderen und nicht bei mir sein, wenn ich es doch bin, zu dem ihr sprecht? Ich sehne mich danach, von meinen vielgeliebten Kindern Worte der Zärtlichkeit und der Liebe zu hören. Wollt ihr mich so sehr vernachlässigen?

Seht die Wunde meines Herzens, wie sie blutet für euch! Ich habe das Kreuz für jeden einzelnen von euch getragen, und es gibt so viele, die nur dann einmal an mich denken, wenn sie etwas nötig haben. Nur um dies eine bitte ich euch: Liebe für Liebe zu geben. Erwidert die Liebe, die ich euch im Überfluß geschenkt habe, damit der Kreislauf der Liebe sich schließen kann, so wie es im Himmel ist zwischen dem Vater und mir in der Einheit mit dem Heiligen Geist, dieser unaufhörlich von uns beiden gezeugten Liebe, die eine Einheit in der Liebe schafft. Dieses Band ist ewig, ohne Anfang und ohne Ende, jedoch immer lebendig und neu.

So sollte eure Liebe zu mir in der Heiligsten Dreifaltigkeit sein. Erwidert im Geiste und in der Wahrheit die Liebe, die ich euch gegeben habe, und sie wird die Kraft sein, die euch mit der Dreifaltigkeit vereint. Indem ich die menschliche Natur annahm, habe ich eure Vereinigung mit der Dreifaltigkeit besiegelt. Ich habe eure eigene Natur angenommen, um das unauflösliche Band zu schaffen, das in Ewigkeit zwischen Gott und dem Menschengeschlecht bestehen wird.

Es gibt so viele Dinge, die ihr nicht wißt, und so vieles, was ihr nicht zu wissen braucht. Alles, um was ich bitte, ist nur dies, daß ihr mich liebt. Dies ist genug, daß die ganze Menschheit gerettet wird: mich im Leben mehr als alles andere zu lieben; dies ist die Art und Weise, wie man mich lieben soll.

Meine Mutter hat so viel für euch getan! Erwidert doch ihre Liebe! Sagt ihr, daß ihr sie liebt, und zwar so oft, wie es sich gegenüber einer Mutter gebührt.

Liebet einander und tut alles aus Liebe; so werdet ihr Wohlgefallen finden in meinen Augen.

Meine Kinder verbringen so viel Zeit miteinander und so wenig Zeit mit mir! Ich möchte, daß das anders wird, denn die Antworten (auf eure Fragen) werdet ihr nicht bei den anderen finden, sondern nur in mir. Ihr müßt euch zur Quelle aller Erkenntnis und Güte begeben, um die wahre Liebe und die wahre Frömmigkeit in der Welt zu verbreiten.

Ich bitte dich, daß du mich jeden Tag eine zeitlang im Allerheiligsten Altarssakrament besuchst, und daß du diese Zeit nur damit zubringst, mich im Allerheiligsten Sakrament der Liebe anzubeten und zu loben. Auf diese Weise wirst du mir immer näher kommen, und ich werde dir die Liebe schenken können, die ich mit allen meinen Kindern teilen möchte.

Ich bin bewegt und glücklich, wenn ich sehe, daß meine Kinder sich mir in diesem Sakrament der Liebe nähern. Ich wünsche, daß alle es ebenso tun, aus Liebe zu mir und zur Sühne für die Sünden. Kommt jetzt zu mir in diesem Sakrament der Liebe. Wer Ohren hat, der höre. Kommt zu mir, ohne zu zögern! Kommt! Amen.

Gehe jetzt in Frieden; ich segne dich.»

Mariamante: «Herr, ich liebe dich im Allerheiligsten Altarssakrament.»

Jesus: «Ich weiß es. Harre aus in dieser Andachtsform.»

Montag, 24. Juni 1987
15.00 — 15.25 Uhr

Der Papst, den ich so sehr liebe

Vision der Gottesmutter:

Die Gottesmutter: «Alle die Krankheiten, von denen du mit deiner Familie befallen worden bist, dienen zum Teil eurer eigenen Reinigung. Eine der Prophezeiungen, von der ich dir bereits früher gesprochen habe, ist jetzt dabei, sich zu erfüllen. Das betrifft dich selbst. Du sollst keine Angst haben vor dem, was mit dir geschehen wird, denn das kommt von Gott und wird einen Beitrag leisten, nicht nur zu deinem eigenen Heil, sondern auch zu dem der anderen. Habe keine Angst. Vertraue mir und meinem göttlichen Sohn, der dich so sehr liebt. Er ist erfreut über deine Haltung gegenüber der Prüfungen, die er dir geschickt hat, und er wünscht, daß du jetzt den Lohn empfängst für deine unerschütterliche Treue ihm und der Kirche gegenüber.

Ich habe deine Angelegenheit zum Nutzen aller Mütter unterstützt, und ich möchte, daß mein Werk jetzt einen großen Aufschwung nimmt. Du wirst überrascht und glücklich sein zu sehen, wie schnell die Dinge jetzt in Bewegung geraten, und wie sie angeregt werden durch die Reaktionen, die man ihnen entgegenbringt.

Wir loben deine Standhaftigkeit, die du in dieser schwierigen Zeit der Prüfungen bewiesen hast, und die jetzt ein Ende gefunden hat. Sei jederzeit bereit und offen für das gegenwärtige Wirken des Heiligen Geistes, und sei ohne Furcht, damit alles sich ohne menschlichen Widerstand vollenden kann, denn dieser behindert und stört das Wirken des Herrn. Er wird nicht erlauben, daß dir das Geringste zustößt, das nicht von ihm kommt, was diese besondere Situation betrifft.

Du hast in der Vergangenheit schon so viele Hinweise auf das erhalten, was mit dir geschehen wird, aber du wirst deshalb nicht weniger überrascht sein, wenn es dann eintrifft. Ich bereite deine Seele vor, eine Fürsprecherin für viele zu sein, und ich möchte dich mit außerordentlichen Gnaden ausstatten, damit alles sich vollenden kann durch die Vermittlung der Kinder, die ich so sehr liebe.

Sie werden jetzt in großer Zahl berufen werden, denn der Augenblick ist gekommen, wo mein Triumph noch mächtiger werden wird, was zum Teil der außergewöhnlichen Mitarbeit und Heiligkeit dieses Heiligen Vaters zuzuschreiben ist, der mir — und meinem göttlichen Sohne — so zahlreiche Seelen zuführt. Er ist es, der meine Bewegung krönt, dieser Papst, den ich so sehr liebe, an den ihr euch halten müßt in allem, was den Glauben und die Sittenlehre betrifft. Bewahrt ihm unerschütterliche Treue, da er der wahre Stellvertreter meines Sohnes auf Erden ist. Er wird euch niemals auf irgendeine Weise in die Irre führen, und er wird niemals aufhören, meine Kinder zu mir und zu ihrem göttlichen Lohn in der Ewigkeit hinzuführen.

Bleibe standhaft in allem, was wir dich bis jetzt gelehrt haben, und habe keine Angst. Zeige Vertrauen und Liebe, und ich werde dich ganz persönlich belohnen. Gehe jetzt in Frieden und tue deine Arbeit in Freude und Liebe.»

Mariamante: «Ich liebe dich, meine Mutter; und ich bitte dich, auch dem Herrn zu sagen, daß ich ihn liebe.»

Die Gottesmutter: «Ich werde es tun. Gehe jetzt, mein Kind.»

Sonntag, 28. Juni 1987
15.45 — 16. 20 Uhr

Betet zu meinem Unbefleckten Herzen als Sühne für die Sünden

Vision der Gottesmutter, wie sie ihr Unbeflecktes Herz zeigt; danach unter den Zügen der Schmerzensmutter, auch eine Vision unseres Herrn, aber nur die Gottesmutter hat gesprochen:

Die Gottesmutter: «Es ist Weisheit in den Worten, die der Priester dir sagt. Du sollst auf ihn hören, selbst wenn dir das manchmal schwierig erscheinen mag. Ihm ist die Sorge für deine Seele aufgetragen worden. Dies ist eine Anordnung der göttlichen Vorsehung. Ich will, daß du alles tust, was er dir in religiöser Hinsicht sagt.»

Danach begann ich das Gebet zu sprechen, das der Priester mich zu rezitieren gebeten hatte, wenn die Visionen ihren Anfang nahmen; diesmal hatte ich es aber zu Beginn vergessen. Als ich jedoch hörte, was die Gottesmutter mir gerade gesagt hatte, erinnerte ich mich daran.

Die Gottesmutter: «Du hast recht, es so zu tun. Es zeugt von Klugheit, die Geister zu prüfen, aber ich bin von Gott, und ich bin nur gekommen, um euch zu helfen.

Zögere nicht, alles zu tun, um was wir dich gebeten haben. Die Zeit drängt.

Die Rolle dieser anderen Person besteht darin, eine Bestätigung beizutragen. Er wird bei der Einführung dieses Apostolates mitwirken, denn er ist nach dem Bilde meines göttlichen Sohnes geformt worden. Wegen kurzer Verzögerungen bin ich nicht besorgt, außer wenn man so tut, als hätte man sehr viel Zeit.

Ich will, daß alle meine Kinder sich im Umgang miteinander als solche verhalten und sich nicht herumstreiten, wie es oft der Fall ist, sogar in den verschiedenen Apostolatswerken, die man überall in der Welt eingerichtet hat. Das führt nur dazu, den Widersacher zu stärken, und der Einfluß meines Werkes unter meinen Kindern wird dadurch nur vermindert. Laßt ihn keinen Raum gewinnen.

Ihr müßt untereinander Gerechtigkeit walten lassen, aber mit Güte gepaart.

Habe jedoch keine Angst, das Apostolat wird beginnen, und alles, was du erhoffst, wird geschehen, und noch weit mehr. Das ist so, weil das Werk von mir kommt und im Namen des Herrn vollendet wird, der Himmel und Erde geschaffen hat.

Ich bin in diesem Augenblick betrübt. Mein Herz ist mit so großem Kummer beladen, wenn ich meine Kinder sehe, die so sehr unter der Uneinigkeit leiden, die durch die Sünde verursacht worden ist. Ihr alle, die ihr Mitglieder meines Apostolates seid, ihr könnt durch eure Gebete meinen Schmerz lindern. Betet zu meinem Unbefleckten Herzen zur Sühne für die Sünden in der Welt, ganz besonders für die Sünden gegen die Reinheit und die Lästerungen gegen meinen göttlichen und anbetungswürdigen Sohn.[39]

Wie sehr hat er für euch gelitten! Ihr müßt dafür dankbar sein. Seid immer dankbar für das, was Gott für euch getan hat, als er seinen einzigen Sohn sandte, um zu sterben, damit ihr von euren Sünden erlöst würdet. Ich kann niemals genug darauf hinweisen. Seid dankbar, seid gut, seid heilig. Streitet euch nicht.

Gehe jetzt in Frieden; ich segne dich.»

Mariamante: «Mama, ich liebe dich.»

Die Gottesmutter: «Und ich liebe dich auch.»

Montag, 29. Juni 1987
11.10 Uhr

Sei geduldig

Vision unseres Herrn, wie er sein Heiligstes Herz zeigt:

Jesus: «Sei geduldig. Die Geduld ist es, die am Ende den Sieg davontragen wird.»

---

39 Während dieser Botschaft wendet sich die Gottesmutter zum ersten Mal unmittelbar an jene, die sie «die Mitglieder meines Apostolates» nennt. Obwohl die Informationen, die die Visionen seit ihrem Beginn im Februar begleiten, letztlich für sie bestimmt sind, ist es doch bemerkenswert, daß sie jetzt damit beginnt, sich unmittelbar an sie zu wenden. Es handelt sich natürlich um das Apostolat heiliger Mutterschaft in den katholischen Familien, das eine geistliche Bewegung von Familienmüttern sein soll; sie wurde durch das Jesuskind feierlich verkündet während der Vision vom 25. März 1987, am Feste Mariä Verkündigung, wobei von ihm noch genauere Anweisungen gegeben wurden. Mariamante.

Mittwoch, 1. Juli 1987
12.10 Uhr

Denkt nur an mich während eurer Gebete

Vision unseres Herrn, wie er sein Heiligstes Herz zeigt:

Jesus: «Ich wünsche, daß ihr mit all euren Bedürfnissen zu mir kommt. Fahrt fort in euren Bemühungen, und denkt nur an mich während eurer Gebete. Laßt keine zerstreuenden Gedanken zu, was euer alltägliches Leben betrifft. Ich kenne deine zahlreichen Sorgen; ich trage sie in meinem Herzen, wenn du betest. Du brauchst sie nicht alle einzeln aufzuzählen. Verbringe deine Zeit in Anbetung und Lob und in der Liebe zu mir; deine täglichen Bedürfnisse sind darin mit eingeschlossen.

Es mag dir vielleicht manchmal scheinen, daß die Worte, die ich dir sage, einander widersprechen, aber wenn du genau hinhörst, dann wirst du erkennen, daß es nicht der Fall ist. Mit den Augen des Glaubens vermag man alles zu verstehen.

Dienstag, 2. Juli 1987
16.50 — 17.30

Die Welt von heute braucht Ehrfurcht vor der Mutterschaft und vor den Kindern

Vision unseres Herrn und der Gottesmutter, wie sie ihr Heiligstes und ihr Unbeflecktes Herz zeigen:

Jesus: «Ich will aus deinem Leben alles entfernen, was mir nicht unterworfen ist, wenn du es mir erlaubst. Dazu ist es von dir aus nötig, daß du mir volles Vertrauen entgegenbringst, im Bewußtsein, daß alles, was mit dir geschieht, von mir kommt, und daß ich es zulasse mit dem Ziel, dich mir anzunähern. Ich werde, um es so auszudrücken, hinter den Kulissen wirken, um in deinem Leben zu diesem Ergebnis zu gelangen. Vertraue mir und liebe mich mehr als alles andere; dann wirst du den Frieden haben, wie ich ihn für dich ersehne, und zwar zu jeder Zeit, und ebenso die beständige Unterstützung durch meine Gnade.

Meine Mutter gewährt dir ihren stets gleichbleibenden und nie endenden Schutz, und so lange du deiner Berufung treu bleibst und keine schwere Sünde begehst, brauchst du nicht zu fürchten, ihn zu verlieren. Ich werde nicht erlauben, daß man dir etwas Böses antut, denn du bist ein auserwähltes Werkzeug meiner Mutter. Sie formt dich nach meinem Bilde und nach meinem göttlichen Herzen, um dich in die Lage zu versetzen, das auszuführen, was sie für dich vorgesehen hat, ebenso wie auch die Anweisungen, die sie dir weiterhin geben wird.

Bis zu einem gewissen Punkt wird es auch Widerstände zu ertragen geben. Sie dürfen deinen Eifer aber nicht beeinflussen.

Bete, daß der Priester für das Wirken des Heiligen Geistes geöffnet werde, und zwar auf allen Ebenen seines Lebens, um der Berufung entsprechen zu können, die wir ihm zuteil werden ließen. Er zögert, das ist bis zu einem gewissen Grade verständlich, aber der Augenblick ist nahe, wo sein Zögern ein Ende haben muß, und wir werden ihn um seine Arbeit und um seine Zeit bitten, um den Plan des Himmels ausführen zu können. Was dieses Werk betrifft, so hat er in seinem eigenen Leben den Finger Gottes erkannt; seine kürzliche Versetzung sollte ihm mehr Zeit geben, um sich dieser Aufgabe widmen zu können; sie soll jetzt anfangen, den ersten Platz in seinem Leben einzunehmen.

Sage ihm, daß diese Aufgabe zum Heil zahlreicher Seelen beiträgt, wie wir es schon gesagt haben, viel mehr, als er jetzt aus eigenem Antrieb in seinem Leben zu tun vermag; denn die Inspiration und der Ursprung dieses Werkes sind göttlicher Natur, dadurch ist es weitaus wirksamer als alles, was irgend jemand in seinem Leben selbst unternehmen könnte. Noch einmal sage ich es euch: Seid dankbar gegenüber Gott, daß er euch erwählt hat, solche Werkzeuge zu sein. Das ist ein großer Vorzug, er darf nicht geringgeschätzt werden…

Fahre fort, die Anweisungen zu befolgen, die wir dir geben. Meine Mutter möchte mit dir sprechen.»

Die Gottesmutter: «Wir werden euch mehrere Gelegenheiten geben, den Willen Gottes zu tun, bevor euch die Gnade zurückgezogen wird, die er mit dieser besonderen Aufgabe verbunden hat, die er euch anvertrauen wird, wie immer sie dann auch sein mag. Du bist beunruhigt, weil er nicht vollständig das befolgt hat, um was wir ihn gebeten haben. Ich werde ihm noch mehrmals die Gelegenheit geben, es wiedergutzumachen, anderenfalls werde ich dir einen anderen Priester schicken, der bereit sein wird, unserem Ruf zu folgen. Es wäre mir aber lieb, wenn es nicht dazu kommt, denn er ist der erste, den wir erwählt haben, und seit einer gewissen Zeit ist er ja dein Seelenführer. Es ist vollkommen gerechtfertigt, daß er einen Nutzen hat von all der Mühe, die er sich um das Wohl deiner Seele gegeben hat. Der Himmel kann aber nicht endlos warten, und, wie ich es dir schon vorher gesagt habe, die Zeit drängt wirklich.

Ich werde auch mein Gebet mit dem deinigen vereinen, damit er auf den Ruf antwortet, den wir an ihn richten betreffs dieses Werkes des Herrn. Sprich mir nach:

"Ich bin die Magd des Herrn. Ich wünsche nichts anderes, als den Willen Gottes zu tun, und ich erbitte das auch für die anderen, besonders für die, die mir im Leben am nächsten stehen. Amen."

Du kannst den Priester noch einmal bitten, die Gemeinschaft meinem Unbefleckten Herzen zu weihen. Wenn er nicht darauf eingeht, dann sprich nicht mehr darüber.

Das Apostolat, für welches wir dir die Richtlinien gegeben haben, ist sehr viel bedeutender und wird sehr viel mehr Seelen mit einbeziehen, als ihr alle es euch jetzt überhaupt vorstellen könnt. Setze dich vor allem für dieses Apostolat ein und bemühe dich, die Anweisungen zu befolgen, die wir dir in diesen Visionen gegeben haben. Wenn du das tust, werden damit Millionen Seelen in der ganzen Welt berührt.

Die heutige Welt muß die Ehrfurcht vor der Mutterschaft und den Kindern wiederfinden; dies wird dazu beitragen, den furchtbaren Übeln entgegenzuwirken, durch die so viele Familien zerstört worden sind. Das Apostolat der heiligen Mutterschaft in den katholischen Familien wird blühen, gleich einer Rose im Himmel.

Beschäftige dich mit unseren Plänen und unseren Wünschen, so, wie wir sie dir geoffenbart haben, damit alles sich vollenden kann zur größeren Ehre der Heiligsten Dreifaltigkeit in Zeit und Ewigkeit.

Gehe jetzt, und vergiß nicht, daß wir dich lieben und Verständnis haben für dein Leid. Du wirst für deine Standhaftigkeit belohnt werden, wie es dir versprochen worden ist.»

Mariamante: «Mutter, bitte, segne mich.»

Die Gottesmutter: «Ich werde es tun. Gehe jetzt in Frieden, mein Kind.»

Sonntag, 5. Juli 1987
20.50 — 21.15 Uhr

Halte deine Augen nur auf meinen Sohn gerichtet

Vision der Gottesmutter, die ihr Unbeflecktes Herz zeigt:

Die Gottesmutter: «Beunruhige dich nicht über das, was mit den anderen geschieht. Ihre Beziehung zu Gott kann sich auf einer anderen Ebene befinden als die deinige, und jeder Vergleich würde nur Verwirrung stiften. Wenn deine Augen fest auf meinen Sohn gerichtet sind, dann wird er dich näher zu ihm hinziehen, und es wird dann schneller der Fall sein, als wenn du die anderen betrachtest. Obwohl es eine Christenpflicht ist, in geschwisterlicher Haltung sich für die anderen einzusetzen, so sollte sein Eifer sich doch nur auf das richten, was den Brüdern und Schwestern helfen kann, Gott mehr zu lieben, nicht aber auf andere Dinge.

Es gibt so viele Torheiten in der Welt, und wenn man nicht achtsam ist, dann können ihnen selbst diejenigen erliegen, von denen man es am wenigsten erwartet hätte. Einige könnten leicht dem Stolz verfallen oder anmaßend werden, wenn sie sich mit anderen vergleichen, die vielleicht schwächer in ihrem Glauben sind; daher ist es wichtig, über das, was das geistliche Leben betrifft, das Schweigen zu bewahren. Dadurch kann Gott im verborgenen in der Seele wirken, so daß niemand als der Seelenführer darum weiß, selbst wenn der Fall eintritt, daß dieser letztere nicht alles versteht, was da geschieht, denn wer vermag schon die Gedanken Gottes zu ergründen oder vollständig das zu verstehen, was er in der Seele wirkt?

Ich fordere dringend das ununterbrochene Gebet von dir. Laß dein Leben ein Gebet sein, eine Hymne der Liebe für Gott und zu seiner Herrlichkeit, damit er in allem, was du tust, verherrlicht werde. *Opfere ihm in Liebe jeden Augenblick deines Tages auf, zur Wiedergutmachung und Sühne für die Sünden der Welt.* Ich gebe dir die Zusicherung, daß dein Gott es dir hundertfach vergilt, nach dem Maße seiner Freigebigkeit, wie du es bereits verkostet hast. Er liebt es, seine Gläubigen zu belohnen und ihre Seelen mit unerwarteten Gaben der Liebe zu schmücken, zur größeren Ehre der Heiligsten Dreifaltigkeit.

Unser Herr und Erlöser Jesus Christus, mein göttlicher Sohn, soll dir in allem als Beispiel dienen. Erhebe deinen Blick zu ihm, indem du die Heilige Schrift liest und über seine heiligen Worte meditierst. Alles, was aus seinem heiligen Munde hervorgegangen ist, soll eine Nahrung für deine Seele sein. Seine Worte sind wie ein Balsam für die Seele und wie der Tau, der das Gras bedeckt. Liebe ihn aus deinem ganzen Herzen. Halte nichts für dich zurück, wenn du ihm das wiedergibst, was er dir geschenkt hat. Sei immer dankbar für das, was er für dich getan hat, als er dich nach seinem Bilde formte. Das ist ja bei all seinen Kindern so, die er zu vollständigen Mitgliedern des Reiches seines Vaters zu machen wünscht.

Laßt euch formen von seinen göttlichen Händen. Laßt den Heiligen Geist in euren Herzen und in euren Seelen handeln, damit er dieses Werk der Umwandlung vollenden kann, so wie Gott es wünscht, und damit ihr lebende Abbilder meines göttlichen Sohnes sein könnt und jetzt auf der ganzen Erde zur größeren Ehre Gottes wirkt.

Seid voller Freude im Herrn, denn er liebt euch so sehr. Seid voll Dankbarkeit, da ihr so viel Segen empfangen habt. Seid dankbar, daß er euch alle berufen hat, Glieder meines heiligen Apostolates zu sein. Und erinnert euch an seine Worte: "Nicht ihr habt mich erwählt, sondern ich habe euch erwählt."

Gehe jetzt in Frieden, ganz hingegeben, um den Herrn zu lieben und ihm zu dienen. Bleibe im Frieden, sei versichert, daß deine Gebete erhört werden, denn der Herr nimmt mit Wohlgefallen die Bitten entgegen, die du zugunsten der anderen an ihn richtest. Gehe jetzt in Frieden.»

Mittwoch, 8. Juli 1987
15.40 Uhr

Erfülle deine Pflichten in Liebe und Geduld

Vision unseres Herrn, wie er sein Heiligstes Herz zeigt, gefolgt von einer Vision der Gottesmutter:

Jesus: «Es gibt viele Dinge, die du nicht weißt, und viele andere, die du nicht zu wissen brauchst. Das ist gut so. Meine Mutter und ich, wir werden dir zu gegebener Zeit das offenbaren, was zu wissen für dich notwendig ist und um unsere Wünsche zu erfüllen. Wir verlangen von dir nicht, daß du alles verstehst, was hier geschieht. Es wäre dir nämlich nicht möglich, die ganze Tragweite der Geschehnisse zu begreifen.

Wir freuen uns über deine Bemühungen, die du bis jetzt an den Tag gelegt hast, um die Anweisungen durchzuführen, die wir dir gegeben haben; wir wünschen indessen, daß du ein noch intensiveres Leben des Gebetes führst, und wir wollen dir dabei helfen durch eine Ausgießung von Gnaden, wodurch es dir möglich sein wird, den ganzen Tag über in beständiger Vereinigung mit uns zu leben, wie in einem kontemplativen Gebetsleben.

Meine Mutter wird dich leiten, um dich mehr und mehr in die Tiefen meines Heiligsten Herzens einzuführen. Die Wunde meines Herzens ist die Öffnung, durch die du eintreten kannst; und du wirst immer tiefer die Erfahrung meiner Barmherzigkeit machen. So wirst du in der Lage sein, in den Beziehungen zu den anderen auch Barmherzigkeit walten zu lassen. So wünsche ich meine Kinder zu sehen: In ständiger Barmherzigkeit zueinander, um ihnen die Verzeihung zu erleichtern, damit zu jeder Zeit Friede und Barmherzigkeit in ihren Herzen herrscht. Wenn du so handelst, dann wirst du fähig sein, sie mir zuzuführen und ein echt christliches Zeugnis zu geben.

Ich kenne die Schwierigkeiten deines Lebens. Ich kenne die Prüfungen und Drangsale, die ihr erduldet; sie dienen aber nur dazu, den Glauben meiner Kinder zu stärken, und man sollte sie unter diesem Gesichtspunkt betrachten. Wenn man die Dinge in der rechten Weise betrachtet, vermag man alles in Ruhe und Frieden zu durchstehen.

Laß dich nicht von anderen beeinflussen, wenn du siehst, daß sie sich im Irrtum befinden, selbst wenn du wegen ihrer Heiligkeit eine große Bewunderung für sie hegst. Ahme nur mein Beispiel und das meiner Mutter nach. Wir werden dich nach unseren Vorstellungen formen, und wir wissen ja, was das Beste für dich ist. Laß dich nicht manipulieren, und gib nicht dem Druck derer nach, die nicht die Dinge in der gleichen göttlichen Weise beurteilen wie wir. Suche nur mir allein zu gefallen, ohne dich von menschlicher Rücksichtnahme leiten zu lassen; so wirst du klarer sehen als wenn du dich darum sorgst, den Wünschen der anderen zu entsprechen. Es gibt keinen Grund zur Eile. Sei vorsichtig, damit du nicht ungeduldig wirst, denn die Geduld ist wirklich eine Tugend, die zu jeder Zeit ausgeübt werden muß. Meine Kinder aus jenen Teilen der Welt, die in materieller Hinsicht am fortgeschrittensten sind, sollten mehr Eifer an den Tag legen, diese Tugend auszuüben.

Sei ganz ruhig, vertraue mir, und ich werde dich immer näher zu mir hinaufziehen.

Meine Mutter möchte mit dir sprechen.»

Die Gottesmutter: «Mein Sohn hat dich über die Tugend der Geduld belehrt. Ich wünsche, daß alle Mitglieder meines Apostolates sich ganz besonders in diese Tugend einüben, und zwar in einem hohen Grad. Die Liebe ist duldsam, die Liebe ist dienstbereit. Denkt daran und setzt es in die Praxis um, damit ihr, wenn ihr eure täglichen Pflichten erfüllt, zu größerer Vollkommenheit gelangt. Alles, was du im Laufe des Tages tust, soll zur Ehre Gottes geschehen, dann wird alles Sinn und Tiefe bekommen. Gehe jetzt und erfülle deine Pflichten mit Liebe und Geduld.»

Mariamante: «Meine Mutter, ich bitte dich, mache mich aufnahmebereit und gelehrig, in allem den Willen Gottes zu tun, damit ich Gott wohlgefälliger werden kann.»

Die Gottesmutter: «Deine Gebete sind erhört worden; gehe jetzt in Frieden.»

Sonntag, 12. Juli 1987
14.30 — 15.03 Uhr

Das Sakrament der Buße

Vision unseres Herrn und der Gottesmutter, wie sie ihr Heiligstes und ihr Unbeflecktes Herz zeigen:

Jesus: «Mein Heiligstes Herz wird in den Zeiten der Prüfung und der Betrübnis deine sichere Zuflucht sein. Habe niemals Angst, mich anzurufen, selbst wenn du der Ansicht bist, etwas falsch gemacht zu haben, denn gerade dann hast du meine Barmherzigkeit am nötigsten.

Die Wunde meines Heiligsten Herzens offenbart meine Barmherzigkeit. Aus Liebe zu dir und zu all meinen Kindern wurde es durchbohrt, damit dadurch allen die Möglichkeit gegeben werde, in ihren Schwierigkeiten und Sünden zu mir ihre Zuflucht zu nehmen. Ich wünsche alle Sünden zu verzeihen. Ich wünsche, daß alle meine Kinder von der Sünde befreit werden, wenn ich auch weiß, daß dies wegen eurer gefallenen Natur nicht immer möglich ist. Darum habe ich das Sakrament der Buße und der Versöhnung in meiner Kirche eingesetzt, um euch damit immer die Möglichkeit zu geben, die Vereinigung mit mir wiederherzustellen, die durch die Sünde zerbrochen worden war.

Wenn ihr auch durch die läßlichen Sünden nicht vollständig von mir getrennt werdet, so wünsche ich doch, daß ihr sie in der Beichte bekennt, damit ihr euch so weit wie möglich von jeder Sünde befreit. Dieses heilige Sakrament wird es euch erlauben, mir immer näher zu kommen, und es wird euch die Kraft und die Gnaden geben, nicht wieder in den gleichen Fehler zurückzufallen.

Meine Mutter wünscht mit dir über ihr Apostolat zu sprechen.»

Die Gottesmutter: «Laß dich nicht wegen der Abreise des Priesters aus der Fassung bringen. Sie ist notwendig und wird zum Besten all derer dienen, die eng mit ihm verbunden sind...; und teile ihm auch weiterhin alles mit, was dir widerfährt. Das ist von größter Wichtigkeit. Auf welche Weise du auch immer mit ihm in Verbindung treten kannst, versäume nicht, ihm alle außerordentlichen Geschehnisse in deinem Leben mitzuteilen. Das ist die einzige Möglichkeit für ihn, dich so leiten zu können, wie es richtig ist.

Ich selbst werde ihm eine außerordentliche Gnade geben, die es ihm ermöglichen wird, diese Bewegung, von der ich hier spreche, ins Leben zu rufen. Er wird von Eifer erfüllt werden und diese Aufgabe ausführen. Zuerst aber muß er die Schwierigkeiten des Anfangs ertragen, wie sie für die Anforderungen des geistlichen Lebens charakteristisch sind; denn das Leiden muß der Herrlichkeit vorangehen, so verlangt es die Ordnung der Dinge, wie sie mein göttlicher Sohn in seinem Heilswirken aufgestellt hat. Dies behält seine Gültigkeit bis zum Ende der Zeit. Dann wird alles gleichsam neu sein. Für den Augenblick aber müßt ihr das Leiden ertragen, um in geistlicher Hinsicht wachsen zu können und zur Ähnlichkeit mit meinem Sohn herangebildet zu werden.

Freuet euch in euren Prüfungen und betrachtet sie als verborgene Segnungen, denn das sind sie wirklich. Habe keine Angst. Ich bin immer bei dir, und mein Sohn nimmt dich beständig unter seinen göttlichen Schutz, und nichts kann ihn behindern, es sei denn deine eigenen Sünden.

Haltet euch frei von Sünden und laßt die Gnade Gottes in euren Seelen fruchtbar sein, damit ihr im Laufe der Zeit Gott immer wohlgefälliger werdet. Erfreuen wir uns im Herrn, denn er hat euch von euren Sünden befreit.

Lobt ihn allezeit. Sagt ihm Dank. Betet ihn aus eurem ganzen Herzen an. Liebt das Allerheiligste Altarsakrament; nehmt euch alle Tage Zeit, um in seiner Gegenwart Anbetung zu halten. Sagt ihm, daß ihr ihn liebt, und seid dankbar für das Opfer, das er für euch gebracht hat.

Lobpreist die Allerheiligste Dreifaltigkeit! Und seid liebevoll zueinander. Ich liebe euch alle. Gehe jetzt in Frieden!»

Mariamante: «Bitte segne mich, Mutter, und bitte auch unseren Herrn um seinen Segen.»

Die Gottesmutter: «Ich werde es tun.»

Dienstag, 14. Juli 1987
17.10 Uhr

Ich habe deine Familie in mein Herz geschlossen

Vision der Gottesmutter, wie sie ihr Unbeflecktes Herz zeigt:

Die Gottesmutter: «Ruhe in meinem Unbefleckten Herzen. Ich habe deine Familie in mein Herz geschlossen.»

Am gleichen Tag
Dienstag, 14. Juli 1987
17.30 — 18.00 Uhr

Bete, daß die Familien große Ehrfurcht vor dem neuen Leben haben

Vision des Jesuskindes in den Armen unserer Lieben Frau vom Berge Karmel:

Das Jesuskind: «Seht, ich bin der Weg, die Wahrheit und das Leben. Ich bin das lebendige Zeugnis der Liebe. Kommt alle zu mir, die ihr unter den Lasten seufzt, und ich werde euch erquicken.

Meine Mutter wünscht dieses Apostolat einzuführen, um zahlreichen Kindern unnötiges Leid zu ersparen. Sie sind Opfer einer Gesellschaft, deren Mitglieder sich um nichts anderes kümmern als um ihr eigenes Vergnügen, ohne Rücksicht darauf, ob das auf Kosten anderer geschieht, und wenn es sogar ihre eigenen Kinder sind.

Bete für die Kinder, für alle Kinder der Welt. Sie leiden wie bei einer Massenvernichtung, wo sie selbst die Opfer sind, denn sie werden der Habgier und dem Egoismus der anderen geopfert. Ich wünsche, daß das aufhört.

Bete dafür, daß die Familien große Ehrfurcht vor dem neuen Leben haben, große Ehrfurcht vor den Kindern, die nach meinem Bilde geschaffen sind. Sie erfreuen sich der höchsten Würde der Unschuld. Dies ist es, worum ihr selbst euch bemühen müßt: die Unschuld der Kinder. Strebt danach, rein zu sein von der Befleckung durch die Sünde, unschuldig wie kleine Kinder und untadelig in meinen Augen. Ich versichere euch, wenn ihr nicht den Glauben gleich dem der kleinen Kinder habt, dann werdet ihr nicht in das Reich meines Vaters eintreten.

Ihr müßt danach streben, in den Familien in Frieden miteinander zu leben. Nur in seltenen Ausnahmefällen sollte es zu einer Trennung kommen, wie z.B. im Falle von Gewalt. Meistens läßt die Trennung sich aber verhindern, wenn man, auch bei großen Schwierigkeiten, eine Haltung des Friedens an den Tag legt. Erlaubt es niemals, daß man euren Kindern Schaden zufügt. Das würde ein Grund zur Trennung sein.

Betet darum, daß der Friede in eure Heimstätten einzieht, damit ihr nicht derartige Prüfungen erleiden müßt, an denen heute so viele Familien zerbrechen.

Es herrscht heute ein großer Mangel an religiöser Ehrfurcht, der tief in alle Gesellschaftsschichten eingedrungen ist. Das kann zur Zersetzung und zum Chaos führen, wenn man nicht die Mittel Gottes anwendet, ehe es zu spät ist.

Ich flehe diejenigen an, die durch die Liebe meiner Mutter erleuchtet sind und die heilige Mutter Kirche lieben, deren Urbild der Vollkommenheit sie ist, auf ihre Warnungen und ihre Aufrufe zum Frieden zu hören. Betet den Rosenkranz, tragt das Skapulier. Tut, was sie euch sagt, damit der Frieden in eure Heimstätten und in die Welt einziehen kann. Habt Vertrauen in ihren mütterlichen Schutz. Sie ist sehr darauf bedacht, daß ihr mich liebt, damit sich euch der Zugang zu allem eröffnet, was denen verheißen worden ist, die mich lieben und die den Willen meines Vaters im Himmel tun.

Bleibt im Frieden. Liebt einander und betet ohne Unterlaß, damit der Wille Gottes auf der ganzen Erde erfüllt werden kann.

Gehe jetzt in Frieden; ich segne dich aus ganzem Herzen.»

Donnerstag, 16. Juli 1987
Fest unserer Lieben Frau vom Berge Karmel
13.25 Uhr

Mutter des Erlösers der ganzen Menschheit

Vision der Gottesmutter als unserer Liebe Frau vom Berge Karmel:

Die Gottesmutter: «Mein Kind, bleibe im Frieden und laß dich nicht verwirren von all dem, was um dich herum geschieht. Das wird bald vorüber sein, und du wirst eine Zeit der Freude erfahren. Der Widersacher möchte dieses Werk verhindern, aber das wird ihm nicht gelingen, denn meine Macht ist unendlich viel größer, wie ich es dir schon gesagt habe.

Bleibe im Frieden und erfülle deine täglichen Pflichten. Dies ist das Mittel, durch das du dich heiligst und Gott näher kommst. Das Herz meines Sohnes verlangt nach der Liebe der kleinen Seelen. Sie entzücken sein Herz, ebenso wie das der kleinen Kinder das Herz ihrer Eltern. Er wünscht von allen geliebt zu werden, mit dem Vertrauen eines Kindes, aber nicht mit Stolz oder Eitelkeit.

Es ist heute das Fest unserer Lieben Frau vom Berge Karmel. Das ist ein wichtiges Fest für die Mitglieder meines Apostolates, denn es deutet die Würde und Erhabenheit meiner Seele als Mutter Gottes an. Die Mutterschaft selbst wurde in ihrer ganzen Würde an jenem Tage hervorgehoben, als ich nach göttlichem Plan als Mutter des Erlösers des ganzen Menschengeschlechtes empfangen habe. Bleibe in Frieden und verehre mich unter diesem Titel, um mir noch ähnlicher zu werden, besonders, was dein Gebetsleben betrifft und die Erfüllung deiner täglichen Pflichten.

Ich bin die Königin des Himmels und der Erde; ich möchte über die Menschheit die Gnaden ausgießen, die Gott mir zur Vorbereitung dieses neuen Pfingstfestes gegeben hat. Ruft mit mir den Heiligen Geist an, damit er in euren Herzen und in euren Seelen lebe und Jesus Christus, mein göttlicher Sohn, in euch Gestalt gewinnt.

Folgt den Eingebungen des Heiligen Geistes, denn er ist euer Führer zur Heiligkeit und Tugend. Er und ich, wir werden den Herrn in euch Gestalt gewinnen lassen, wenn ihr uns in eure Herzen aufnehmt. Betet ohne Unterlaß, daß dies für die Welt geschieht.

Bleibe im Frieden und bete. Gehe jetzt; begib dich mit gesammeltem Geiste an die Arbeit. Bitte den Heiligen Geist, dich zu stärken und dein Gebetsleben zu inspirieren, und er wird deine Gebete erhören. Gehe jetzt, mein Kind.»

Freitag, 17. Juli 1987
12.50 Uhr

Bleibe im Frieden und bete mich im Allerheiligsten Altarssakrament an

Vision unseres Herrn, wie er sein Heiligstes Herz zeigt:

Jesus: «Ruhe in meinem Heiligsten Herzen…

Der Wunsch, in der Welt eigene Spuren zu hinterlassen, hat meine Priesterschaft verdorben. Die Ursache dafür ist der Stolz, und das ist ein großer Schmerz für mich. Statt mir in Verborgenheit und Liebe zu dienen, verlangen viele meiner Priester danach, in der Welt Beifall zu erhalten und bemerkt zu werden. Sie wünschen von ihresgleichen geehrt zu werden. Wie sinnlos ist das! Nur mich allein und meinen Willen sollten sie suchen, ohne sich um den Beifall der Welt zu kümmern. Der Ruhm ist vergänglich und steht im Gegensatz zur Heiligkeit, wie die Welt es weiß. Viele Theologen haben sich von diesem Irrtum verführen lassen.

Bleibe im Frieden und bete mich im Allerheiligsten Altarssakrament an, wie du es ja bis jetzt getan hast. Erfülle weiterhin mit Freude deine täglichen Pflichten, und bitte meinen Heiligen Geist, daß dein Gebetsleben dadurch gestärkt werde. Das wird dich zu der Vereinigung führen, nach der du dich sehnst.

Auch ich mache mir Sorgen um X. Wenn er sich weiterhin von anderen Dingen von geringerer Bedeutung vereinnahmen läßt, dann werden wir dafür sorgen, daß du einem anderen Priester begegnest, der dieser Angelegenheit jene Aufmerksamkeit entgegenbringt, die sie verdient. Meine Mutter ist bekümmert über die Haltung derer, die auf ihren Ruf keine Antwort geben. Bete, daß es diesmal nicht der Fall sein wird.»

Mariamante: «Ich bitte dich, Herr, gib mir die Gnade, in meinem Herzen immer dein heiliges Antlitz anzubeten, um Sühne zu leisten und aus Liebe, im Namen all derer, die dich und deine Liebe zurückweisen.»

Jesus: «Ja! Bete, damit sie einsichtig werden und aufhören zu sündigen. Bleibe im Frieden. Du weißt, daß ich dich liebe.»

Sonntag, 19. Juli 1987
14.00 Uhr

Mein Heiligstes Herz ist der Ort deiner Ruhe

Vision unseres Herrn, wie er sein Heiligstes Herz zeigt:

Jesus: «Bleibe im Frieden, mein Kind. Ich weiß, es ist eine große Prüfung für dich, aber sie ist notwendig, um ganz mit mir vereinigt zu sein. Es gibt viel zu tun, und ich möchte mich deiner bedienen als Werkzeug für die Sache meiner Mutter; dazu ist es erforderlich, daß du mir volles kindliches Vertrauen und unwandelbare Liebe entgegenbringst.

Mein Heiligstes Herz ist der Ort deiner Ruhe, wo du deine Kräfte wiederherstellen kannst. Bleibe ganz innig mit mir verbunden, da ich deine Seele zur mystischen Hochzeit berufe. Bleibe im Frieden und freue dich! Fürchte dich nicht vor den Höhen! Dort habe ich meine Wohnstatt aufgerichtet, und dort sollst du auch die deinige haben, wenn du in ständiger Vereinigung mit mir verbleibst. Die steile Felswand, die du ersteigst, ist der Weg, der dich zu mir führt. Habe keine Angst, und laß dich nicht durch den schwierigen Aufstieg entmutigen. Bleibe im Frieden, auch was den Kampf betrifft. Es genügt, daß du dich bemühst, dann werde ich meine Hand ausstrecken, um dich ganz nahe an mich zu ziehen. Dort wirst du Ruhe finden und eine Freude, die alle irdischen Freuden übersteigt. Wie nichtig sind sie im Vergleich zu der Freude, die meine Liebe jenen Seelen schenkt, deren Bräutigam ich bin! Wenn du darum bittest, kann dir eine glückselige und unvergängliche Liebe gegeben werden, aber du mußt sie zuerst ersehnen, mehr als alles andere in deinem Leben, und mit Mut und Glauben fortschreiten in diesem Aufstieg zu mir.

Meine Mutter hat euch den Weg gezeigt. Sie hat meine Bräute für diese Hochzeit vorbereitet, damit sie das Lob Gottes singen. Halte dich fest an mich! Klammere dich an nichts und niemand anders. Rufe den Schutz meiner Mutter an, und denke immer an mich, der ich dein vielgeliebter Bräutigam bin.

Der Bräutigam ruft seine Braut in seine Nähe; komm und bleibe bei mir in den Höhen. Mache mein Herz zu deiner Wohnstatt. Bleibe dort in Liebe mit mir vereint. Laß mich niemals allein. Denke immer an mich, und ich werde immer in dir wohnen bleiben. Ich in dir, und du in mir, wir werden in der Dreifaltigkeit wohnen, wie der Vater es mir versprochen hat. Bleibe im Frieden, du bist nach Hause gekommen. Amen.»

Mittwoch, 22. Juli 1987
Fest der heiligen Maria Magdalena
14.58 Uhr

Es gibt keine Sünde, die nicht vergeben werden kann

Vision unseres Herrn, wie er sein Heiligstes Herz zeigt:

Jesus: «Ich habe Mitleid mit den Sündern, und ich möchte sie alle in meiner göttlichen Barmherzigkeit umarmen. Sehnsüchtig verlange ich danach, sie zurückkehren zu sehen. Es gibt keine Sünde, die nicht vergeben werden kann.[40] Das Beispiel meiner vielgeliebten Tochter, der heiligen Maria Magdalena, gibt Zeugnis davon. Ihr größtes Privileg bestand darin, mich als erste gesehen zu haben, nachdem ich von den Toten auferstanden war. Die Verdienste ihrer Liebe und ihrer echten Zerknirschung haben sie dieser Ehre würdig werden lassen. Durch ihren Mut und ihren Glauben ist sie gerettet worden. Es erfordert oft Mut, um zuzugeben, daß man sich geirrt hat, besonders in Gegenwart der anderen. Das war bei ihr der Fall. Ihr habt das Glück, eure Sünden im Beichtstuhl bekennen zu können, ohne den Blicken der anderen ausgesetzt zu sein.

Ich verlange nicht, daß ihr eure Sünden in der Öffentlichkeit bekennt, sondern nur, daß ihr zu mir kommt, in der Verborgenheit des Beichtstuhls, um in der Person des anwesenden Priesters zu mir zu sprechen, und ich eile mich, euch von euren Sünden loszusprechen. Es ist nichts Fehlerhaftes oder Unvollkommenes in diesem so barmherzigen Mittel, nämlich seine Schuld einzugestehen und von der Sünde gereinigt zu werden. Es ist göttlichen Ursprungs, ich selbst habe es eingesetzt, um den Sündern für immer die Möglichkeit zu geben, zu mir zu kommen und die Vergebung zu erfahren, die dieses Sakrament anbietet. Es ist das einzige Mittel, das euch die vollständige Gewißheit meiner Verzeihung zu geben vermag. Die Anforderung, die Sünde auszusprechen und sich von ihr in der persönlichen Beichte loszusagen, ist das Mittel, welches euch erkennen läßt, daß euch vergeben worden ist, denn alle Sakramente sind ein äußeres Zeichen meiner Gnade. Empfangt häufig dieses Sakrament, und ihr werdet meine Liebe und meine Verzeihung kennenlernen, welche allein in der Lage sind, euch auf Erden den wahren Frieden zu bringen.

---

40 Eine gute Erklärung über «die Sünde, die nicht vergeben werden kann», nämlich die Lästerung gegen den Heiligen Geist, findet sich im folgenden Zitat von Papst Johannes Paul II. in der Enzyklika über den Heiligen Geist: «... Die "Lästerung" besteht nicht eigentlich darin, den Heiligen Geist mit Worten zu beleidigen, sondern darin, das Heil zurückzuweisen, das Gott dem Menschen anbietet durch den Heiligen Geist, in der Kraft des Kreuzesopfers» (Dominum et Vivificantem, Nr. 46). Ed.

Zeige Ausdauer im Gebet und bete, daß die Sünder dieses Sakrament zu Hilfe nehmen. Zahlreich sind diejenigen, die dieses Mittel anwenden müssen, um wieder in den Zustand der Gnade zurückzukehren, ehe sie die heilige Kommunion empfangen. Wenn man die heilige Kommunion empfängt, ohne im Zustand der Gnade zu sein, so ist das eine Beleidigung und eine Todsünde. Das ist heute mitten in meiner Kirche sehr oft der Fall, und das bereitet mir großen Schmerz. Laßt nicht zu, daß es so weitergeht. Betet für die Sünder, daß ihr Gewissen aufgerüttelt wird und es hierin zu einer Änderung kommt.

Ihr alle, die ihr Mitglieder des Apostolates meiner Mutter seid, betet für die Sünder und dafür, daß es ein Ende nimmt mit diesem Unheil, von dem meine Kirche betroffen ist, nämlich dem Empfang der heiligen Kommunion, ohne im Zustand der Gnade zu sein, wie so viele es heute tun. Rufe die Heiligen in diesem Kampf um die Gerechtigkeit an; ich spreche hier von Gerechtigkeit im geistlichen Bereich. Betet für die Seelen, daß sie eine wahre Zerknirschung wegen ihrer Sünden empfinden, und daß man zur Beichte geht. Meine Barmherzigkeit ist ohne Grenzen. Gehe jetzt in Frieden; ich segne dich aus ganzem Herzen.»

Mariamante: «Herr, ich bin eine unwürdige Sünderin, aber ich liebe dich und ich vertraue auf deine Barmherzigkeit. Habe Erbarmen mit mir.»

Jesus: «Es ist schon geschehen, und ich liebe dich. Gehe jetzt an deine Arbeit.»

Freitag, 24. Juli 1987
Fest der heiligen Christine
13.45 Uhr

Der heilige Gehorsam

Vision unseres Herrn und der Gottesmutter, wie sie ihr Heiligstes Herz und ihr Unbeflecktes Herz zeigen:

Jesus: «Der wahre Beweis für den Gehorsam besteht darin, seinen Willen durch die Stimme der Oberen dem Willen Gottes anzugleichen, selbst wenn man anderer Ansicht ist und nicht recht den Sinn einer Maßnahme oder einer Beschränkung versteht. Das ist ein einzigartiges Mittel, um die Seele stark werden zu lassen, wenn sie nämlich dazu geführt wird, dem eigenen Willen aus Ehrfurcht vor dem Willen Gottes zu entsagen, wie er durch den Mund der Oberen ausgedrückt wird.

Diese Form der Selbstverleugnung ehrt mich in hohem Maße, denn sie ist meiner eigenen Antwort im Garten von Getsemane ähnlich. Gewiß, von göttlicher Warte aus hatte ich Kenntnis von den zukünftigen Dingen, sie waren mir vollkommen klar, ebenso aber auch die Notwendigkeit, mich selbst hinzuopfern. In meinem Mensch-Sein wußte ich jedoch, daß die Schmerzen und Leiden, die mir zugefügt würden, von meiner Seite her eine vollkommene Unterwerfung unter den Willen Gottes erforderten und die Zustimmung meiner göttlichen Natur.»

Hier zwangen meine Kinder uns zu mehreren Unterbrechungen, welche das folgende Gespräch herbeiführten:

Jesus: «Laß dich nicht aus der Ruhe bringen bei der Erfüllung deiner täglichen Pflichten. Mich stört es nicht[41], warum sollte es also bei dir der Fall sein?»

Mariamante: «Herr, weil es mich verwirrt, wenn ich dauernd unterbrochen werde.»

Jesus: «Bleibe im Frieden. Rege dich nicht auf. Dadurch kannst du manchmal die Verleugnung deines Eigenwillens unter Beweis stellen, wenn du treu bei deinen täglichen Pflichten ausharrst.

Um auf das zurückzukommen, was ich zuvor gesagt habe: Diese Unterwerfung unter die oberste und vollkommene Autorität Gottes wird am besten in den Prüfungen erkannt, und durch das gleiche Mittel wird sie gestärkt. Das zeigt sich oft im Leben meiner Ordensleute und Priester, die mehr als alle anderen aus Erfahrung davon wissen. Bei denen aber, die ich in meiner Macht am nächsten zu mir hinziehe, wird diese gleiche

41 Die Unterbrechungen durch die Kinder. Mariamante.

Erfahrung sehr häufig sein. Sie müssen sehr dankbar sein, auf geistlicher Ebene jenen Schutz zu genießen, den ihnen der heilige Gehorsam gewährt.

Dieser Schutz ist eine göttliche Einrichtung; er ist unabhängig davon, ob man mit dem Oberen, dem Seelenführer oder dem Beichtvater eines Sinnes ist oder nicht; es handelt sich hier vielmehr um ein Mittel, durch das erkannt werden kann, wie weit der eigene Wille mit dem meinigen und dem des Vaters im Himmel übereinstimmt.

Ich habe euch den Weg gezeigt; ihr braucht nicht zu fürchten, daß er irgendeinem meiner Kinder, die ich auf diese Weise beschütze, zum Schaden gereicht, das würde ich nicht zulassen. Das ist selbstverständlich inbezug auf jene Dinge zu verstehen, die dem Glauben und der Sittenlehre nicht widersprechen; da diese Fälle aber selten sind, will ich hier nicht darauf eingehen.

Du kannst also ganz ruhig und im Frieden bleiben wegen all dem, was den heiligen Gehorsam betrifft. Ich bin es, der durch dieses Mittel deine Schritte lenkt und für die Reinigung deiner Seele sorgt, die sich auf dem Weg zu mir befindet. Freuet euch und seid dankbar, daß ihr auf diese Weise geführt werdet; verhaltet euch gegenüber euren Oberen mit der Ehrfurcht, die sie verdienen, da sie nach meinem Bilde sind. Sprecht nicht mit anderen über deren persönliche Fehler, denn wer ist schon ohne Fehler? Ihr würdet sonst nur ein Klima schaffen, durch das die Arroganz begünstigt wird. Haltet es vielmehr so: Wenn ihr einen Fehler oder eine Schwäche bei ihnen bemerkt, dann betet für sie, damit sie diese überwinden und mir ähnlicher werden, aber sprecht niemals mit anderen darüber. Ich ermutige alle meine Kinder, gehorsam und ehrfürchtig zu sein. Diese Haltung ist mir sehr wohlgefällig, sie ist die Freude der Engel.

Eure Kinder sollt ihr mit Güte, aber auch mit Festigkeit behandeln, sonst werden sie es sein, die euch führen, statt umgekehrt.

Ich gebe meinen Priestern das Charisma der Seelenführung; es ist mein Wunsch, daß sie sich dessen bedienen. Laß dich in geistlicher Hinsicht niemals von einem Laien führen. Diese sind in keiner Weise dazu ermächtigt. Nur von Priestern sollst du dich leiten lassen. Nur ihnen allein habe ich diese Autorität über den Laienstand gegeben. In den geistlichen Häusern und in den Klöstern ist es anders, aber darüber brauchst du dir hier keine Gedanken zu machen, denn dieses Werk ist für Laien und kann nicht in allen Punkten auf das Ordensleben angewendet werden; in den einzelnen Orden sind natürlich Obere vorgesehen, die nicht immer Priester sind. Es gibt indessen Gegebenheiten, wo sich auch die Ordensleute in gewissen Fällen nur an die Beichtväter, also Priester, halten müssen.

Bleibe im Frieden wegen dem, was mit dem Priester geschieht. Die Sache wird in Ordnung kommen. Sei beharrlich im Gebet und in der Erfüllung deiner täglichen Pflichten, und gib mir Handlungsfreiheit in deinem Leben. Meine Mutter wird dich auch weiterhin führen und formen. Höre ihr aufmerksam zu.»

Die Gottesmutter: «Ungeachtet der augenblicklichen Schwierigkeiten wird die Bewegung bald beginnen. Ich bin zufrieden über die Antwort, die der Priester in seinem Herzen gegeben hat, und ich werde mich seiner Leiden bedienen, um anderen damit zu helfen. Verbreite rasch diese Schriften, damit die Weisheit, von denen sie Zeugnis geben, auch anderen zu Hilfe kommt. Sei nicht ängstlich oder zaghaft. Die Antwort, die ihr erhalten werdet, verdankt ihr niemandem als mir. Selbst wenn es mit der Bewegung am Anfang langsam vonstatten zu gehen scheint, so wird sie sich doch mit der Zeit ausbreiten, bis schließlich viele Menschen dadurch eine Hilfe erhalten werden, Gott mehr zu lieben und das zu tun, was er für sie will.

Ich bin den großmütigen Seelen dankbar, die meinen Ruf positiv beantworten. Kommt, betet ihn an, ihn, der den Himmel und die Erde geschaffen hat, meinen vielgeliebten Sohn und euren Erlöser, unseren Herrn Jesus Christus. Amen.»

Sonntag, 26. Juli 1987
12.57 Uhr

Überlasse dich vollständig dem anbetungswürdigen und ausdrücklichen Willen Gottes

Vision unseres Herrn, wie er sein Heiligstes Herz zeigt:

Jesus: «Was du vermutet hast, ist richtig. Es gibt Wege, die sich öffnen, während andere versperrt werden. Mein Wirken besteht darin, dich und andere auf diesem Weg zu bewahren, der zu mir führt. Oft weiß man nicht, was das Beste für einen ist, und es besteht die Gefahr, sich von dem kürzesten Weg zu mir zu entfernen. Wenn jemand durch einen Willensakt sich vornimmt, nichts anderes als meinen Willen zu tun, dann werde ich selbst ihn unmittelbar führen; das ist eines der Mittel, deren ich mich bediene.

Manchmal wirst du plötzlich ganz überrascht sein und dich fragen, warum dieser oder jener Weg, der am Anfang so klar und sicher schien, auf einmal versperrt wird, aber es genügt, mir Vertrauen entgegenzubringen, im Bewußtsein, daß mein ausdrücklicher Wille es so zuläßt, und mich in deinem Leben handeln zu lassen.

Wenn jemand Widerstand leistet und auf einem Wege weitergeht, der sich schließt, dann wird er damit nur sein eigenes geistliches Wachstum behindern. Besser ist es, zuzustimmen, so wirst du schnell den Frieden haben bezüglich dessen, was geschieht.

Damit soll nicht gesagt werden, daß es nicht gelegentlich einen gewissen Kampf zu führen gibt, bei dem ihr manchmal sogar dem Widersacher unmittelbar gegenübergestellt seid; er sucht nämlich ganz besonders meine Heiligen und diejenigen, die ich mir erwählt habe, daran zu hindern, meinen Willen zu tun, aber euer Verstand ist oft in der Lage, ihn wahrzunehmen. Wenn man dabei ist, eine ehrenvolle und besondere Aufgabe, die ich selbst ausgewählt habe, zu beginnen, dann muß man zu gewissen Zeiten auf großen Widerstand gefaßt sein. Das wird indessen schnell erkannt werden, und es braucht nicht einmal eine große Unterscheidungsgabe, um den Widerstand oder das Wirken des Bösen zu erkennen.

Im Augenblick spreche ich allerdings vom persönlichen Widerstand, wenn jemand mit dem Wege nicht zufrieden ist, den Gott für ihn erwählt hat, und wenn er weiterhin Widerstand leistet, um dann schließlich in geistlicher Hinsicht in der Luft zu hängen. Das ist sehr gefährlich, und man muß sofort dagegen angehen, sobald man sich dieser Tatsache bewußt geworden ist. Wenn jemand sieht, daß er dem Willen Gottes Widerstand entgegensetzt, dann muß er den festen Entschluß fassen, dagegen anzugehen und nicht mehr länger so zu handeln, und er wird den Frieden finden in der Freude, es so getan zu haben. Dann bin ich aufs neue wirklich in der Lage, diese Seele ganz nahe an mich zu ziehen.

Wenn du also siehst, daß dieser oder jener Weg sich verschließt auf eine Art und Weise, die nicht in deiner Verantwortlichkeit liegt und wobei du nichts ändern kannst, dann mußt du, wenn du gebetet und den Entschluß gefaßt hast, dich meinem Willen zu überlassen, in dieser Angelegenheit den Frieden bewahren und jenen Weg beschreiten, welcher sich dir öffnet. Auf diese Weise werden gewisse ungeordnete Regungen des Herzens gereinigt, und es bilden sich neue Verbindungen, die ich selbst beschlossen habe, für dich herzustellen. Vergiß es nicht: Der feste Entschluß, nichts als meinen ausdrücklichen Willen zu tun, wird dir dieses Licht spenden, das dich leitet, und das ich selbst in deinem Leben bin.

Nimm den Beistand meiner Mutter zu Hilfe in allem, was die rechte Unterscheidungsgabe und den Schutz betrifft, und bitte auch die Heiligen, daß sie dir helfen.

Es ist nicht immer leicht, zu erkennen, wann es sich um meinen Willen handelt, der eine plötzliche und unwiderrufliche Änderung in deinem Leben hervorzurufen scheint, aber das Vertrauen wird die Seele die Hindernisse überwinden lassen und ihr die Kraft geben, sich in vollständiger Hingabe meiner Führung zu überlassen. Wer mich wirklich über alles liebt, der wird daraus, wenn er ein wenig darüber nachdenkt, ein wahres

Glück schöpfen, und er wird in dieser Art der Prüfung den reinen Gewinn, den sie bringt, erkennen.

Sei darum zu jeder Zeit vollständig dem anbetungswürdigen und ausdrücklichen Willen Gottes hingegeben, in der Freude, dich vollständig und ausschließlich deinem Schöpfer zu überlassen, denn er allein weiß ja, was das Beste für dich ist.

Bleibe im Frieden und hoffe auf meine Liebe zu dir. Wenn du darum bittest, wirst du sie erhalten, denn sie wird all denen gegeben, die mich in Aufrichtigkeit und Wahrheit anrufen. Amen.

Mariamante: «Bitte, Herr, laß mich immer vollständig deinem heiligen Willen hingegeben sein, zu jeder Zeit und bei jeder Gelegenheit.»

Jesus: «Dein Gebet wird erhört werden, weil du im wahren Glauben darum bittest. Du mußt jetzt gehen.»

Mittwoch, 29. Juli 1987
14.25 — 15.05 Uhr

Das Leiden der unschuldigen Kinder muß jetzt gelindert werden

Vision unseres Herrn, wie er sein Heiligstes Herz zeigt:

Jesus: «Der Weg, der am schnellsten zu mir führt, ist der, der am wenigsten beschritten wird. Er erfordert eine vollständige Verleugnung des eigenen Willens, und zwar aus Ehrfurcht vor dem meinigen. Ich wünsche die Seelen schnell zu mir emporzuführen, aber ich finde oft so viel Widerstand. Sie hängen an den Dingen dieser Erde, an den Geschöpfen oder an den Freuden der Welt. Sie lassen sich so leicht verwirren, und sie wenden sich von dem Wege ab, der zu mir führt, weil ihr Wunsch, meinen Willen zu tun, in dem Maße der Schwachheit ihres Fleisches abnimmt, sowie ihrer Freude an irdischen Vergnügungen. Ach, es kann sich dabei um ganz kleine Freuden handeln, und für die, die auf den geistlichen Wegen bereits fortgeschritten sind, verbergen sie sich oft unter dem Beweggrund des Eifers für das

Heil der Seelen oder sogar unter dem Vorwand, es handle sich dabei um die Erfüllung ihrer Pflichten, während sie in Wirklichkeit nichts anderes tun, als sich von meinem ausdrücklichen Willen abzuwenden.

Gottverbundene Seelen, nehmt euch in acht! Das gilt besonders für diejenigen, die meiner Mutter geweiht sind und ihren Gemeinschaften und Bewegungen angehören. Der Böse bedient sich heimtückischer Mittel, die geeignet sind, selbst diejenigen zu Fall zu bringen, von denen man es am wenigsten erwartet hätte. Er wird dich mit falschen Schuldgefühlen bedrängen, auch bei ganz unbedeutenden Handlungen, selbst wenn du sie nur zur Ehre Gottes tust. Unaufhörlich belästigt er die Seele mit dem Gedanken, daß man lieber seine täglichen Pflichten erfüllen sollte, statt sich besonderen Andachtsformen, Gebeten oder geistlicher Nahrung zuzuwenden. Gib acht! Er stürzt sich wütend auf diejenigen, die voll Eifer sind; er versucht, nach und nach ihren Elan zu untergraben, bis er sie schließlich lau und mittelmäßig macht unter dem Vorwand, man müsse seine täglichen Pflichten erfüllen, die als das einzige Mittel zu betrachten seien, um zu mir zu kommen. Gewiß, eure Heiligung vollzieht sich oft durch die täglichen Pflichten hindurch, allerdings unter der Bedingung, daß sie in die Gesamtheit des geistlichen Lebens eingefügt werden und den geistlichen Mitteln grundsätzlich untergeordnet bleiben. Mit anderen Worten, erhebt die täglichen Pflichten auf ein höheres Niveau und bemüht euch, alles das, was ihr im Laufe des Tages tut, mit der Kontemplation der himmlischen Dinge zu verbinden, aber betrachtet sie[42] nicht als ein Mittel, das für sich allein in der Lage wäre, zu mir zu kommen, wenn das ununterbrochene Gebet nicht hinzukommt.

Nichts vermag dich zuverlässiger und sicherer zu mir zu führen als der regelmäßige Empfang des Bußsakramentes und der häufigen Kommunion, und zwar in einer Haltung des ununterbrochenen Gebetes und der vollständigen Hingabe an

42 Die täglichen Pflichten allein. Mariamante.

den Willen Gottes. Darin bestehen die täglichen Pflichten auf geistlicher Ebene.

Bleibe im Frieden wegen dem, was mit dem Priester geschieht. Sein Zögern in diesem Augenblick ist nicht gerechtfertigt, aber ich habe ihm wegen seiner Aufrichtigkeit einen Aufschub gewährt. Die beiden kommenden Monate werden in dieser Hinsicht schwierig für dich sein, wenn er aber am Ende dieser ihm gewährten Frist immer noch fortfährt, dieses Werk zu vernachlässigen, dann werden wir dir zu unserem Bedauern einen anderen Priester schicken, den meine Mutter erwählt hat. Wir wissen, daß du deshalb am Anfang Kummer haben wirst, das Werk Gottes aber muß ungeachtet aller Widerstände weitergeführt werden.

Benutze diese Zeit, um zu beten, daß die Bewegung und das damit zusammenhängende Apostolat seinen Anfang nimmt; bewahre deinen Willen in vollständiger Übereinstimmung mit dem Willen Gottes. Erbitte das auch für die anderen, besonders für den Priester und diejenigen, die dir nahestehen.

Das Leiden der unschuldigen Kinder auf der ganzen Erde muß jetzt gelindert werden, anderenfalls wird eine schwere Strafe hereinbrechen. Es handelt sich hier um einen der Pläne des Himmels, um zu verhindern, daß das eintrifft, und um diejenigen zu retten, die jetzt auf so ungerechte Weise leiden.

Meine Mutter hat den Vater im Himmel zugunsten der unschuldigen Kinder auf der ganzen Welt gebeten. Ihnen wird dieses Werk zugute kommen, das sich ungeachtet des menschlichen Widerstandes verbreiten wird.

Wenn du willst, kannst du es dem Priester sagen, aber es ist besser, wenn du schweigst. Er wird es selbst lesen. Sprich darüber noch nicht mit deinem neuen Beichtvater.[43] Sei im Augenblick wachsam und bete für die Welt.»

---

43 Als der Herr sagte: «Sprich darüber noch nicht mit deinem neuen Beichtvate», so ist das inbezug auf die Botschaften zu verstehen und stimmt mit der Anweisung überein, die mein Seelenführer mir bereits zuvor gegeben hatte. Mariamante.

Mariamante: «Herr, gib mir die Gnade, in allen Dingen genau das zu tun, was du willst.»

Jesus: «Ich werde dir meinen Heiligen Geist einhauchen, damit er dich festige und dir Kraft und Weisheit gebe. Und denke daran, so weit wie möglich das Schweigen zu bewahren, damit ich ganz leise zu deinem Herzen sprechen kann. Gehe jetzt in Frieden; ich segne dich aus ganzem Herzen.»

Mariamante: «Herr, kann ich mit Herrn X sprechen?»

Jesus: «Noch nicht. Gehe jetzt und bete.»

Freitag, 31. Juli 1987
12.45 — 13.30 Uhr

Wendet euch an den Heiligen Vater, um euch zu leiten

Vision des Jesuskindes und der Gottesmutter:

Das Jesuskind: «Jegliche Wahrheit hat ihren Ursprung in mir. Ich bin die Wahrheit, und diejenigen, die die Wahrheit lieben, werden zu mir hingezogen. Wenn jemand aufrichtig die Wahrheit sucht, dann wird er mich schließlich finden. Viele haben allerdings gar nicht mehr den Wunsch, sie zu suchen; sie begnügen sich damit, ein oberflächliches Leben zu führen und sich nur an das zu halten, was das Fleisch und der Verstand ihnen eingeben. Dadurch haben sie selbst ihren geistlichen Fortschritt zum Stillstand verurteilt, denn sie suchen ja nichts anderes mehr als das, was mit den Händen zu greifen ist, oder was auf rein menschlicher Ebene erkannt werden kann. Ihr Glaube verliert daher jegliche Tiefe, und wenn sie herausgefordert werden, dann fallen sie leicht jedem Irrtum oder jeder Häresie zum Opfer, die man ihnen vor Augen stellt. Statt daß sie sich auf mich und meinen Nachfolger auf dem Heiligen Stuhl, den Heiligen Vater, stützen, dient ihnen als Halt nichts anderes als ihr eigenes Gefühl und ihre eigene Erfahrung, die sie meiner göttlichen Wahrheit vorziehen, wie sie durch die rechtmäßige Autorität meiner Kirche, nämlich den Heiligen Vater und das kirchliche Lehramt, verkündet wird.

Wendet euch dem Heiligen Vater zu, um euch zu führen. Er ist erwählt worden zu dem Ziel, meine Herde zu leiten, und auf ihn muß man hören, um sicher zu sein, was die Wahrheit ist. Laßt euch nicht von denen in die Irre führen, die euch einreden wollen, daß es keine Autorität in der Kirche mehr gibt, um über das zu belehren, was wahr oder falsch ist, gut oder schlecht. Sie befinden sich im Irrtum, diejenigen, die die Ansicht vertreten, daß alles von der eigenen persönlichen Erfahrung geprüft werden müsse, um Gültigkeit zu besitzen. Das ist absurd und des Glaubens meiner wahren Nachfolger nicht würdig.

Glaubet an mich. Habt Vertrauen in mich. Setzt eure Hoffnung auf mich und meine heilige katholische Kirche, die von dem Nachfolger des heiligen Petrus geleitet wird. Auf ihn habe ich sie gegründet, er ist das Licht, das euch in der gegenwärtigen Finsternis erleuchtet, denn sie ist jetzt so groß geworden, daß sie sogar viele von denen, die einst meine treuen Nachfolger waren, verwirrt hat. Sie sind in beklagenswerter Weise der modernistischen Irrlehre erlegen.

Seid auf der Hut, ihr alle, meine treuen und guten Nachfolger! Es gibt in Schafsfelle gekleidete Wölfe; durch sie werden viele in die Irre geführt, wenn sie nicht ständig gewappnet sind, um im Kampf für die Wahrheit den Sieg zu erringen. Suchet mich in den Sakramenten, besonders in der Eucharistie und in der heiligen Beichte, durch die ihr das unmittelbar von mir kommene Licht in die Seele eintreten laßt.

Ich kann es fast nicht mehr ertragen. Der ganze Himmel ist betrübt angesichts der Finsternis und der Oberflächlichkeit, die sich über die Welt ausgebreitet hat und die selbst in meine Kirche eingedrungen ist, weil diese Sakramente vernachlässigt wurden. Betet mich an im Allerheiligsten Altarssakrament, geht häufig zur Beichte, wenigstens einmal im Monat, um die ersten Freitage und Samstage zu halten, und ihr werdet sehen, wie die Himmel sich öffnen und das Licht der Wahrheit allen erscheinen wird. Seid lebende Abbilder von mir in einer Welt, die von der Sünde verdunkelt ist. Euer Licht soll nicht verborgen sein, sondern allen offenbar werden, damit dadurch andere zu mir geführt werden können.

Eine Stimme in der Wüste ruft der Welt zu, Buße zu tun und das Licht der Erkenntnis der Wahrheit zu empfangen, die die meinige ist. Antwortet heute auf diesen Ruf und hört auf euer Gewissen. Amen.

Meine Mutter wird noch zu dir sprechen, und dann gehe in Frieden.»

Die Gottesmutter: «Hoch preiset meine Seele den Herrn, und mein Geist frohlockt in Gott, meinem Retter, denn gnädig hat er sich seiner demütigen Dienerin zugewandt. Ahme mich nach in diesem Gebet der Danksagung und der Freude, dazu erwählt worden zu sein, sein Werk auf Erden zu vollenden.

Die Lauheit meines Priesterstandes muß in meiner Kirche aufhören, damit die Wahrheit wie das Licht in der Nacht zu leuchten vermag. Dies ist die Botschaft, die ich an meine Priestersöhne richte: Lebt eure Berufung in einem ganz heiligmäßigen Leben, so wie Gott es von euch wünscht. Kümmert euch nicht um die Dinge der Welt, sondern um die des Geistes. Sucht geistliche Antworten auf die Fragen, die die Laien euch stellen. Helft ihnen, sich durch den häufigen Sakramentenempfang meinem Sohne zu nähern. Dies ist der reinste und unmittelbarste Weg, und es ist in vielen Fällen die einzige Antwort.

Verhaltet euch bei denen, die eurer Seelenführung anvertraut sind, nicht wie weltliche Ratgeber, sondern wie das Licht, das sie zur Liebe zu den hochheiligen Sakramenten der Kirche führt. Dort werden sie ihre Antworten finden und die Kraft meines Sohnes, welcher versprochen hat, all denen zu helfen, die seinen Namen glaubensvoll anrufen; denn er sagt: "Kommet alle zu mir, die ihr euch unter den Lasten des Lebens müht und plagt, und ich werde euch erquicken." Lasset den Herrn selbst diese Seelen erfrischen und stärken auf ihrem Weg zum Himmel. Das ist der Weg, der zu ihm führt und den ihr immer verkünden sollt.

Werdet nicht selbst wie die Mitglieder des Laienstandes, indem ihr euch einredet, auf diese Weise leichter erreichbar und verfügbarer zu sein. Seid das ausgesonderte Volk, das dazu erwählt wurde, die Seelen aufzurufen, sich mehr den erhabensten Dingen des Geistes als denen der Welt zuzuwenden.

Bleibt im Frieden, ihr, die ihr die Mitglieder meines Apostolates seid, sowohl unter der Priesterschaft wie im Laienstand, und sucht die Wahrheit durch jene Mittel, die mein vielgeliebter Sohn der Kirche anvertraut hat, nämlich die Sakramente. Liebt das, was heilig ist, und werdet auch selbst heilig. Übt die Liebe.

Gehe jetzt in Frieden, wir segnen dich.»

Mariamante: «Mutter, was soll ich mit den Kopien machen?»

Die Gottesmutter: «Du kannst die Kopien selbst aufbewahren, um sicher zu sein, daß nichts verloren geht. Teile dem Priester aber mit, was du tust. Gehe jetzt in Frieden, nachdem du unseren Segen empfangen hast.»

Sonntag, 2. August 1987
14.55 Uhr

Verzicht auf irdische Vergnügungen und Bindungen

Vision unseres Herrn, wie er sein Heiligstes Herz zeigt:

Jesus: «Laß nicht den Zorn Gewalt über dich gewinnen, das könnte sonst Auswirkungen haben auf das, was hier geschieht. Gewiß, es gibt so etwas wie einen gerechten Zorn, aber auch er muß in kurzer Zeit verschwinden, damit nicht eine Barriere zwischen Gott und der Seele aufgerichtet werde. Das Ressentiment schafft hohe Mauern, die das geistliche Wachstum behindern, und das muß auf jeden Fall vermieden werden. Die durch die Beichte vermittelten Gnaden haben in dieser Hinsicht eine Wirkung in der Seele, und das treue Festhalten daran wird euch einen sicheren Schutz verschaffen.

“Mein ist die Rache”, spricht der Herr. Wenn es sich darum handelt, die Gerechtigkeit herzustellen, dann ist das eher die Aufgabe des Herrn als dic des Dieners. Er wird über alles Rechenschaft verlangen, wenn die Zeit gekommen ist, und das wird manchmal eher der Fall sein als man denkt.

Ich bin bekümmert über die Art und Weise, wie man sich in der gegenwärtigen Situation verhält, ich werde die Sache selbst in die Hand nehmen. Ich habe so oft gewarnt und so oft sogar meine Mutter geschickt, aber unsere dringenden Bitten sind nicht erhört worden. Gibt es denn auf der ganzen Welt niemanden, der den Willen Gottes tun will? Sogar meine auserwählten Seelen sind ganz von den Sorgen und Vergnügungen der Welt gefangengenommen. Wo sind sie, die sich danach sehnen, mich zu lieben? “Ihr könnt nicht Gott und dem Mammon dienen.” Hört euren seraphischen Vater Franziskus, und zieht die Armut dem Reichtum vor. Klammert euch nicht an die Dinge dieser Erde, sondern nur an mich.

Das, was ich hier sage, ist an die anderen gerichtet und nicht an dich selbst, bleibe daher im Frieden. Ich weiß, daß du mich erwählt hast und mich allem anderen vorziehst. Oh, wie gerne hätte ich es, wenn andere es ebenso machen wollten! Sie würden sich viele Mühen und Leiden ersparen, wenn sie nur diesen makellosen Weg beschreiten wollten, der zu mir führt, den Weg des Verzichtes auf irdische Vergnügungen und Bindungen.

Folgt dem Beispiel meiner Heiligen, die ein strenges Leben führten und aus Liebe zu Gott harte Bußen auf sich nahmen. Zwar will ich nicht, daß ihr eurem Körper Schaden zufügt, aber es ist gut, Buße zu tun, sei es durch einfache Abstinenz oder durch Fasten, oder indem ihr euch irdischer Vergnügungen enthaltet. Letztere könnten Bindungen sein, die eure Seele daran hindern, ihren Aufschwung zu mir zu nehmen, und man muß sich von ihnen befreien. Ich bin betrübt wegen jener, denen viel gegeben wurde und die sich trotzdem weigern, meinen Willen zu tun.»

Montag, 3. August 1987
15.30 — 16.10 Uhr

Kommt zu mir in der Kraft meines Heiligen Geistes

Vision des Jesuskindes und unserer Lieben Frau vom Berge Karmel:

Das Jesuskind: «Ich bin gekommen, damit alle das Leben haben.

Diese Worte ertönen durch alle Zeiten und sind immer gleich bedeutungsvoll, heute wie immer. Es gibt nur einen einzigen Weg, der zum Vater führt, und er geht durch den Sohn. Laßt euch von niemandem von dieser Überzeugung abbringen, denn es handelt sich hier um eine grundsätzliche Lehre des katholischen Glaubens. Die Rolle meiner Mutter als Miterlöserin und Vermittlerin aller Gnaden vermindert in keiner Weise meine Rolle als Erlöser, als König und Mittelpunkt des Weltalls, sie bestärkt vielmehr den Glauben daran.

Bevor irgend etwas begann, war ich bereits. Ich sah, wie die ganze Schöpfung durch die allmächtige Hand meines Vaters ins Dasein gerufen wurde, und ich war auch bei der Erschaffung der Engel dabei. Der Heilsplan für die Menschheit, so wie Gott ihn in seinem Vorherwissen gefaßt hatte, ruhte vom Anbeginn der Zeiten an im Schoße der Dreifaltigkeit. Durch den Fall des Menschen bei der ersten Sünde von Adam und Eva wurde euer Erlöser jedoch in seiner Person betrübt und verwundet. Heute ist es das Gleiche, ich bin noch immer durch die Beleidigungen betrübt und verletzt, wie sie heute so zahlreich gegen Gott begangen werden. Dieser Plan der Liebe, der gleichzeitig ein Plan der Schöpfung und der Erlösung ist, wird bis zum Ende der Zeiten weitergehen, wobei nach und nach, wie der ewige Vater es zum Heil der Seelen anordnet, die ewige Glückseligkeit geoffenbart wird, welche all jenen zuteil werden wird, die bis zum Ende ausgeharrt haben.

Wenn ich auch, dem Willen des Vaters entsprechend, ein für allemal die göttliche Erlösungstat vollbracht habe, so fahre ich dennoch fort, den Heiligen Geist auszusenden, damit er die Menschen von heute zu ihrer ewigen Wohnung führt.

Kommt zu mir in der Kraft des Heiligen Geistes. Betet darum, daß der Heilige Geist euch in all euren Bestrebungen führe, damit das höchste Ziel all euren Tuns darin bestehe, Gott allein zu gefallen. Suchet die göttliche Hilfe in der Kraft des Heiligen Geistes, welcher zu euch kommt, wenn ihr ihn ruft. Der Geist legt in seinem Beten Fürsprache ein für diejenigen, die meinen Namen anrufen. Der Heilige Geist wird euch fähig machen, eindringlich und mit Überzeugung und Glauben zu beten, damit eure Gebete und eure Werke fruchtbar werden.

Rufet mich an, damit ich den Heiligen Geist in eure Herzen ausgießen und euren Geist erleuchten kann, daß er eure Seelen reinigt, damit sie nichts anderes mehr suchen als das, was heilig ist.

Meine Mutter möchte mit dir sprechen.»

Die Gottesmutter: «Mein göttliches Kind hat seinen Nachfolgern von heute wie auch denen von gestern seinen Geist geoffenbart. In Vereinigung mit dem Heiligen Geist erflehe ich seine Rückkehr in die Herzen all derer, die zu mir ihre Zuflucht nehmen. Indem ich meine eigenen Gebete und flehentlichen Bitten hinzufüge, mache ich dem himmlischen Vater euren Weg zu ihm wohlgefälliger, indem ich euch gleichzeitig *zu* meinem göttlichen Sohn und *durch* ihn führe. Er bittet mich darum, dies zu tun. Er wünscht, daß ich für euch Fürsprache einlege, damit ihr in seinen Augen wohlgefälliger werdet. Öffnet eure Herzen durch meine Fürsprache für den Heiligen Geist. Rufet die heiligen Namen Jesu und Mariens an, damit sie sich durch die Kraft des Heiligen Geistes für immer in eure Herzen einprägen. Suchet vor allem anderen das, was heilig ist.

Gehe jetzt in Frieden; wir segnen dich.»

Mariamante: «Meine Mutter, gewähre mir, daß ich dich und unseren Herrn immer mehr zu lieben vermag.»

Die Gottesmutter: «Ich werde weiterhin Fürsprache für dich einlegen, mein Kind. Gehe jetzt in Frieden.»

Samstag, 8. August 1987

Widersetze dich nicht dem Willen Gottes

Vision des Jesuskindes:

Das Jesuskind: «Mein vielgeliebtes Kind, willst du, daß die Bewegung ihren Anfang nimmt? Willst du, daß dieses Werk beginnt, damit in unzähligen Seelen das geistliche Leben wieder Gestalt gewinnt? Dann mußt du allen irdischen Bindungen entsagen, einschließlich derer, die du jenen entgegenbringst, die in dieser Hinsicht nicht mit meinem Willen übereinstimmen. Wir haben dir bereits gesagt, daß du deshalb anfangs viel zu leiden hättest, und so wird es auch weiterhin sein, aber es ist notwendig, diese Schritte zu unternehmen und diejenigen auszuwählen, die bereit sind, der Sache meiner Mutter zu dienen und ihr Werk zu unterstützen, anstatt dem Willen Gottes zu widerstehen. Das ist ein unglücklicher Umstand, aber das kommt manchmal vor, und es ist nicht deine Angelegenheit, solange lediglich der Wille der anderen damit zu tun hat. Das Werk des Herrn aber, das meine Mutter in ihrem Herzen entwickelt hat, muß sich ungeachtet der irdischen Widerstände ausbreiten, was manchmal dazu führt, daß die Personen, die dabei mitwirken, ausgewechselt werden müssen.

Du hast ganz das Richtige getan, als du eine Meßnovene lesen ließest, für den Augenblick aber dient sie nur dazu, ihn sozusagen in Reserve zu halten, aber er wird nicht das einzige Instrument sein in der Vorbereitung der notwendigen Elemente der Bewegung, wie es ursprünglich geplant gewesen war.»

Mariamante: «Kleiner Herr, das macht einen solchen Eindruck der Kälte auf mich.»

Das Jesuskind: «Wir werden sehen, wie es sich in den nächsten Tagen weiterentwickelt, für den Augenblick aber ist es nötig, so wie die Dinge sich jetzt entwickelt haben, daß ein anderer Priester mit der Aufgabe betraut wird. Du aber achte darauf, daß du dem Willen Gottes keinen Widerstand leistest, und fahre fort, für die Welt zu beten und dafür, daß die Bewegung beginnt, ebenso wie auch für alle jene, die dazu berufen sind, sie dank der Fürsprache meiner Mutter fruchtbar werden zu lassen.

Gehe jetzt an deine Arbeit. Dein Kind ist aufgewacht.»

Montag, 10. August 1987
14.30 — 15.20 Uhr

Frauen des Gebets für die Welt und für das Heil der Seelen

Vision unseres Herrn und der Gottesmutter, wie sie ihr Heiligstes Herz und ihr Unbeflecktes Herz zeigen:

Jesus: «Ich rufe jetzt alle meine Kinder auf, zu mir zu kommen, alle, die auf der Suche sind nach einem sicheren Zufluchtsort, den sie in meinem Heiligsten Herzen, diesem Abgrund der Liebe, zu finden vermögen. Die Mächte des Bösen haben in der heutigen Welt überhand genommen, da so entsetzlich viele Sünden zusammengekommen sind; es sind zu viele, als daß ihr sie allein bekämpfen könntet. Ihr müßt euch in meinem Heiligsten Herzen und in dem Unbefleckten Herzen meiner Mutter einen Zufluchtsort suchen. Dort wird euch Schutz zuteil und die Befreiung von der Sklaverei der Sünde in all ihren Formen in der heutigen Welt.

Laß dich nicht von denen in die Irre führen, die mir und den Geboten und Lehren meiner heiligen Kirche weniger treu sind, zeige dich vielmehr wachsam und stark in diesem großen Kampf, der jetzt auf der ganzen Erde geführt wird zum Heil von Millionen von Seelen. Eure Ewigkeit steht auf dem Spiel. Seid aufmerksam auf das, was meine Mutter und ich euch sagen, um nicht überrascht zu werden.

Die Gottlosigkeit, die jetzt solche Ausmaße angenommen hat, wird bald vernichtet werden; meine Mutter und ihre heiligen Engelscharen werden fortfahren, der Schlange den Kopf zu zertreten, aber viele werden verloren gehen, wenn sie die Gnaden nicht annehmen, die meine Kirche ihnen durch die Sakramente anbietet, um sie dadurch heiliger zu machen und fähig, den Anstürmen des Feindes zu widerstehen.

Wenn du heilig werden willst, dann sei vorsichtig in der Wahl deines Umgangs. Laß dich nicht täuschen und laß deinen Glauben nicht durch schlechte Gesellschaft wankend werden; Freunde sollten einander ähnlich sein.

Ich will nicht, daß die Hausfrauen in der Welt das Evangelium verkünden. Das ist nicht ihre Berufung. Ihre Aufgabe ist das Apostolat des Herzensgebetes, bei sich zu Hause, wo sie vor den Übeln und der nutzlosen Hektik der Welt geschützt sind; ich wünsche nicht, daß sie damit in Berührung kommen. Bei denen, die zu einer aktiven Evangelisierung berufen sind, handelt es sich in den meisten Fällen um Priester. Das ist nicht die Aufgabe derer, die zu Mitgliedern des Apostolates meiner Mutter, des Apostolates heiliger Mutterschaft, berufen sind. Glaubt denen nicht, die euch andere Ansichten einreden wollen, indem sie euch entgegengesetzte Argumente vor Augen stellen. Eure Berufung, zu der ihr erwählt worden seid, besteht darin, daß ihr in eurer gegenwärtigen Situation als Hausfrauen und Familienmütter Frauen des Gebetes seid, die für die Welt und für das Heil der Seelen beten.

Betet, daß die Bosheit in der Welt ein Ende nehme und der Friede sich ausbreite über die ganze Erde. Es kann aber so lange kein Friede entstehen, wie noch weiterhin so entsetzlich viele Sünden auf der Erde begangen werden. Hört aufmerksam auf die Warnungen meiner Mutter in Fatima und anderswo. Eure Aufgabe ist das Gebet und die Buße, besonders der Rosenkranz und der häufige Empfang der Sakramente; dadurch erreicht ihr die Vollkommenheit bei der täglichen Pflichterfüllung; dies ist es, wozu meine Mutter euch jetzt aufruft.

Bleibe im Frieden. Meine Mutter möchte mit dir sprechen.»

Die Gottesmutter: «Mein Kind, es gibt so viel Arbeit zu tun! Willst du zu diesem Heilswerke beitragen durch deine eigenen Leiden und die Kreuze, die Gott dir zu schicken beschlossen hat?»

Mariamante: «Ja, Mutter; aber ich bitte dich, mir Kraft zu geben, das Kreuz so zu tragen, wie der Herr es wünscht, ohne mich zu beklagen.»

Die Gottesmutter: «Ich werde dir also friedvolle Ergebung schenken; sie ist dir notwendig, damit du leiden kannst, ohne dich zu beklagen.»

Mariamante: «Mutter, ich bitte dich, gib mir die notwendigen Gnaden, um alles zu tun, was der Herr von mir verlangt.»

Die Gottesmutter: «Ich werde weiterhin deine Fürsprecherin sein; du wirst viel zu tragen haben, aber am Ende wirst du den Sieg davontragen durch die Macht Gottes, der die Liebe ist. Liebe die, die dich verfolgen, und du wirst das Geheimnis des Glückes und der wahren Freude kennen, wie es nur Gott allein zu geben vermag. Mein Sohn weiß um die Prüfungen, bleibe daher im Frieden, ungeachtet der Prüfungen. Gehe jetzt im Frieden; wir segnen dich mit dem Segen unserer Herzen.»

Mariamante: «Mama, verlaß mich nicht! Ich habe solche Angst.»

Die Gottesmutter: «Es gibt gar keinen Grund, Angst zu haben, denn die Kraft Gottes ist mit dir; wähle deine Freunde mit Vorsicht und Klugheit aus, und öffne dein Herz niemandem, dem du nicht volles Vertrauen entgegenbringen kannst. Ich werde bei jeder Gelegenheit deine Beschützerin sein. Gehe jetzt in Frieden und ohne Furcht, vielmehr in der Gewißheit, den Herrn, unseren Gott, zu lieben und ihm zu dienen.»

Dienstag, 11. August 1987
Fest der heiligen Klara von Assisi
20.00 — 20.20 Uhr

Mein Triumph ist nahe

Vision des Jesuskindes und unserer Lieben Frau vom Berge Karmel:

Die Gottesmutter: «Der Friede sei mit dir. Betrachte das Jesuskind, dieses Kind der Liebe, das sichtbare Bild des himmlischen Vaters. Es führt dich zum Vater durch das Beispiel seiner

Liebe, welche so vollkommen bezeugt wurde während seines Lebens auf Erden.

Hört auf den Heiligen Geist in eurem Leben, so daß ihr fähig werdet, das zu tun, was er von euch erwartet. Mit großem Eifer sollt ihr darauf bedacht sein, in allem den Willen Gottes zu tun. Betet um diesen willigen Geist, und kräftigt das Fleisch durch das Fasten und indem ihr euch jener Speisen enthaltet, die für eure tägliche Ernährung nicht notwendig sind.

Bleibe im Frieden wegen der Dinge, die an diesem Wochenende geschehen. Dieses große Fest ist gewählt worden, damit es ein besonderer Tag für mich sei, und sehr viele Gnaden werden sich über jene ausgießen, die jetzt auf der Erde leben.

Dieses Fest — der Aufnahme Mariens in den Himmel — wird wirklich ein großes Fest sein, denn es werden sehr viele Gnaden über meine treuen Nachfolger und die Kinder meines Sohnes ausgegossen. Freuet euch, denn ihr lebt in einer großen und wunderbaren Zeit, mein Triumph ist nahe, und mit jeder Seele, die meinem Rufe folgt, kommt er alle Tage näher. Nehmt die Engel zu Mitstreitern in diesem Kampf gegen das Böse und alle Art von Gottlosigkeit. Seid wachsam und laßt euch nicht von dem täuschen, der sich meinen heiligen Streitern, den heiligen Engeln, entgegenstellt.

Rufet den heiligen Michael an, daß er euch von dem Widersacher befreit.

Mein Sohn möchte mit dir sprechen.»

Das Jesuskind: «Meine allerheiligste Mutter ist eine Ursache der Freude für alle Engel des Himmels und die glückseligen Geister. Sie warten darauf, auf ihr Wort hin ihren Willen zu tun, der in jedem Augenblick auch der Wille Gottes ist. Es sind Legionen von glückseligen Geistern, die dazu aufgerufen sind, sich an diesem Kampfe für eure Seelen zu beteiligen. Seid aufmerksam auf das Wirken der heiligen Engel in eurem Leben. Sie werden euch helfen, das zu erreichen, was Gott in eurem Leben für euch vorgesehen hat.

Tretet ein in das Licht der Gnade, das den wahren und vollkommenen Weg erleuchtet, der zum Vater führt. Singet in Einklang die Hymne zum Lob des Vaters; eine Hymne ist nämlich euer Leben, wenn es Gott für die anderen aufgeopfert wird, in einem Akte der Liebe, den alle sehen können. Freuet euch an diesem Feste der Aufnahme meiner Mutter in den Himmel. Sie hat viele Dinge für euch vorbereitet. Befolgt auch weiterhin ihre Entscheidungen und Anweisungen. Sie wird euch zu mir in die Ewigkeit führen.

Rufet die Heiligen an in eurem gegenwärtigen Kampf. Sie werden euch zusammen mit den heiligen Engeln beistehen.

Gehe jetzt in Frieden; wir segnen dich mit dem Segen unserer Herzen.»

Weihe an die Gottesmutter

«O erhabene Mutter Gottes, Königin des Himmels und der Erde, Mutter unseres Herrn Jesus Christus, ich weihe mich euch an diesem Tag, ich bitte euch demütig darum, mich unter eure beständige Fürsorge und euren Schutz zu nehmen als euer euch liebendes Kind.

O liebenswürdigste Mutter unseres Erlösers, erfülle mich mit deiner Liebe zu deinem vielgeliebten Sohn, und wandle mich um, damit ich ihm und dir ähnlich werde. Forme mein Herz nach dem deinigen. Erfülle es mit Liebe, mache es rein, sanft und liebenswürdig. Gib mir eine große Ehrfurcht vor dem Leben, und gib mir Eifer, um meine Pflichten zu erfüllen.

O Braut des Heiligen Geistes, ergieße deine Tugenden in mich, daß ich durch die Kraft des Heiligen Geistes eine wahre Braut Jesu Christi werden kann.

O Stern des Meeres, Licht, das uns leitet, führe mich zu einer immer tieferen Vereinigung mit Jesus, damit ihm in Zeit und Ewigkeit alle Ehre gegeben werde, zur Verherrlichung der Allerheiligsten Dreifaltigkeit, jetzt und immerdar. Amen.

Heiliger Josef, bitte für uns.

Ihr alle, ihr heiligen Engel und ihr Heiligen des Himmels, bittet für uns.»

Empfohlenes Gebet für die Mitglieder des Apostolates von Mariamante

«O heiliges Jesuskind, erleuchte unseren Geist und unsere Herzen, um die große Würde der Kinder zu begreifen, die nach deinem Bilde geschaffen sind. Gib, daß wir sie lieben und in rechter Weise leiten, zu deiner größeren Ehre.

O Heiliger Geist, Bräutigam der Gottesmutter und unserer Mutter, entzünde unsere Herzen mit deiner göttlichen Liebe und forme uns nach dem Bilde Jesu Christi.

Himmlischer Vater, gib, daß wir deinem göttlichen Willen immer treu entsprechen, und gib uns einen großen Eifer, um ihn zu erfüllen.

Liebster Herr Jesus, bewahre uns für immer in der Treue gegenüber den Lehren deiner Kirche, damit wir so leben, wie du es von uns verlangst, jetzt und in alle Ewigkeit. Amen.

Komm, Herr Jesus. Komm und wohne in unseren Herzen!»

Schlußwort

Gibt es etwas Herrlicheres als eine Mutter? Der verstorbene heiligmäßige Kardinal Josef Mindszenty spricht von ihr als der wichtigsten Person auf Erden. Sie kann für sich nicht die Ehre in Anspruch nehmen, die Kathedrale unserer Lieben Frau erbaut zu haben; aber das hat sie auch nicht nötig; denn sie erbaut etwas viel Herrlicheres als eine Kathedrale, nämlich eine Wohnstatt für eine unsterbliche Seele, die zerbrechliche Vollkommenheit ihrer Leibesfrucht.

Die Engel haben nicht das Privileg einer solchen Gnade empfangen. Es ist ihnen nicht gegeben, Anteil zu haben an dem Wunder der Schöpferkraft Gottes, durch das dem Himmel neue Heilige geschenkt werden. Nur eine Mutter ist dazu in der Lage. Die Mütter sind Gott näher als jedes andere Geschöpf. Gott vereinigt seine Schöpfermacht mit der der Mütter, um diesen Akt zu vollziehen.

Was gibt es also, um der Liebe Gottes willen, Herrlicheres als eine Mutter?

Ein Journalist kam eines Tages zu der Mutter dieses heiligmäßigen Kardinals, der den Müttern ein so herrliches Zeugnis gegeben hatte.

Einige Zeit zuvor war er zu lebenslänglicher Haft verurteilt worden. «Ich frage mich oft», sagte diese betagte Frau zu ihm, «wie es kommt, daß es dem lieben Gott gefallen hat, sich unserer Familie von armen Bauersleuten zuzuwenden, um hier jemanden zu finden, der während seines ganzen Lebens als Priester und Bischof nur eine einzige Liebe und eine einzige Sorge gekannt hat: die Kirche.»

Auf die Frage, ob sie wisse, wo ihr Sohn sich befinde, blieb sie still. Dann wies sie mit dem Finger auf das Heiligste Herz Jesu und sprach: «Er weiß es, wo der Kardinal ist. Andere wissen es auch, und ich bete alle Tage für sie zum Herrn. Ich muß schweigen. Ich spreche nur mit dem Herrn, der alles weiß.»

Diese Frau war eine Heldin. Ich bin sicher, daß es noch viele andere Mütter gibt, die in ihrer Berufung zur Mutterschaft zu den gleichen erhabenen Höhen gelangen wie sie. Allzu lange hat man die Heiligkeit als das Monopol des Ordenslebens und des Priesterstandes betrachtet. Viele der Konzilsväter vom Zweiten Vatikanischen Konzil bezogen Stellung gegen eine derartige einengende Auffassung. Die ganze Kirche, alle Glieder des mystischen Leibes Christi haben die Pflicht, Heilige zu sein. Die Bergpredigt ist für alle ohne Ausnahme ein Aufruf zur Vollkommenheit. Die Kirche von heute hat überall Heilige nötig. Besonders der Laienstand ist dazu aufgerufen, vor der ganzen Welt das Zeugnis einer hervorragenden Heiligkeit zu geben. Die Ehe ist heilig und auf Gott hin ausgerichtet. In ihr werden Mann und Frau Mitarbeiter Gottes, wenn sie seinen zukünftigen Söhnen und Töchtern das Leben schenken. Was für eine wundervolle Aufgabe! Es könnte dem Menschen keine größere Ehre gegeben werden. Zu dieser Ehre kommt eine große Verantwortung hinzu, nämlich die Aufgabe, den Kindern jene Liebe und Fürsorge zukommen zu lassen, die ihnen geschuldet sind, damit sie ihre irdischen Bürgerpflichten lernen und die rechte Lebensweise, um eines Tages vom himmlischen Vater aufgenommen zu werden. Man muß sie lehren, das Evangelium Jesu Christi zu verstehen und zu akzeptieren und seinen Lehren entsprechend zu leben.

Es muß uns ein Herzensanliegen sein, die christlichen Heimstätten zu retten, jetzt, in einer Zeit, wo Satan sich jeder nur möglichen Art von niederträchtiger und heimtückischer Propaganda bedient, um die Frauen zu verführen und sie ihrer Verantwortung zu entfremden; er macht die Mutterschaft verächtlich, um damit alles zu zerstören: die Frau, das Heim, die häusliche Kirche und die Familie, die Grundlage der Gesellschaft.

Dieses Buch enthält die Botschaften unseres Herrn und seiner Allerseligsten Mutter an Mariamante, einer auserwählten Seele, die der Himmel dazu berufen hat, das Apostolat der heiligen Mutterschaft in die Wege zu leiten. Sie ist eine ganz einfache verheiratete Frau, Mutter und Hausfrau. In Demut hat sie ihre Sendung angenommen, im Gehorsam gegenüber den Priestern, die ihre Seelenführer sind. Durch die wunderbaren Wege der Vorsehung wurde sie zu ihrem gegenwärtigen Seelenführer geleitet. Dieser konnte sich in diesen letzten Jahren von der Echtheit des Charismas seiner geistlichen Tochter überzeugen. Es wurden Bemühungen unternommen, um Theologen über die Echtheit dieser Botschaften zu befragen, die ihr vom Himmel mitgeteilt werden. Diese Manuskripte sind mehreren Theologen vorgelegt worden, die ein günstiges Urteil darüber ausgesprochen haben.

Das Apostolat der heiligen Mutterschaft ruft die Familienmütter dazu auf, nicht nur «Martha» zu sein, sondern auch «Maria» in der Ausübung des kontemplativen Gebetes in der Treue gegenüber den täglichen Pflichten, womit eine beispielhafte Form der Heiligkeit vorgelebt wird. Durch ihre Weihe an Maria, die Mutter Gottes, verpflichten sie sich dazu, sie zum Vorbild zu nehmen für die Heiligung ihrer Ehe und ihres Familienlebens. Wir hegen das Vertrauen, daß diese Mütter jenen beizugesellen sind, die die heilige Theresia vom Kinde Jesu «die unermeßlichen Scharen der kleinen Seelen nennt, jener Schlachtopfer der barmherzigen Liebe, die so zahlreich sein werden wie der Sand am Meeresufer. Das wird furchtbar für Satan sein; denn sie werden der Gottesmutter helfen, vollständig seinen Kopf zu zertreten!»

Diese Botschaften sind nicht nur an die Familienmütter gerichtet, sondern auch an andere Christen, einschließlich derer, die in der Kirche Verantwortung tragen, um sie zu eifrigerer Befolgung der Vorschriften der Kirche zu führen und zu einer vollkommeneren Nachahmung der Person Christi und seiner Allerseligsten Mutter Maria.

Möge Maria, die Mutter Gottes, «in Gemeinschaft mit allen Heiligen bei ihrem Sohn Fürbitte einlegen, bis alle Völkerfamilien, mögen sie den christlichen Ehrennamen tragen oder ihren Erlöser noch nicht kennen, in Friede und Eintracht glückselig zum einen Gottesvolk versammelt werden, zur Ehre der heiligsten und ungeteilten Dreifaltigkeit» (Lumen Gentium 69).

Liturgischer Ritus zur Aufnahme in das Apostolat der heiligen Mutterschaft

1. Feierliches Versprechen im Apostolat der heiligen Mutterschaft[44]

Gebet

Herr Jesus Christus,
dein Herz ist ein Abgrund an Liebe.
Du verlangst danach, sie im Apostolat der heiligen Mutterschaft all jenen zu schenken,
die darum bitten
und sich in Glauben und Liebe
an dich wenden.
Du suchst Seelen, die dich lieben
und dir Genugtuung für die Sünden der Welt schenken.

---

44 Das Versprechen besteht aus einem Gebet. Wird es während einer Eucharistiefeier vollzogen, so spricht man es im Moment der Gabenbereitung. Außerhalb der Eucharistie kann es vor dem Herrn im Tabernakel oder auch zu Hause vollzogen werden. Es ist immer wünschenwert, daß die Familie zugegen ist sowie ein Priester oder ein Diakon. Zu diesem liturgischen Ritus können auch christliche Freunde oder Mütter, die bereits das Versprechen im Apostolat der heiligen Mutterschaft abgelegt haben, eingeladen werden. Das Gebet des feierlichen Versprechens ist von der Botschaft inspiriert, die der Herr Mariamante am 1. Juni 1987 anvertraut hat. Die Weihe folgt den Leitlinien, die Jesus am 25. März 1987, am Fest der Verkündigung, für das Apostolat der heiligen Mutterschaft festgelegt hat.

Ich will heute feierlich
auf deinen inständigen Anruf antworten.
Ich komme zu dir
mit einem großmütigen Herzen
und einem brennendem Geist, so wie du es ersehnst.
Als Kind deiner Mutter, der Immaculata,
komme ich, von ihr geführt, zu dir.
Ich verpflichte mich, ihre Tugenden nachzuahmen
und ihrem Beispiel zu folgen,
um dir, o Herr, wohlgefällig zu sein.
Wie du, so möchte auch ich sanft und demütig
von Herzen sein
und dem heiligen Willen deines Vaters so gehorchen
wie du selber es getan hast.
Ich will in glutvoller Nächstenliebe leben
und mit brennender Liebe für Gott, meine Kinder und
meinen Gatten erfüllt sein.
Meine täglichen Aufgaben
werde ich aus Liebe auf möglichst vollkommene Weise
erfüllen.
Dadurch möchte ich mit deiner heiligen Mutter
an der Erlösung der Menschen,
die du seit deinem Kreuzestod vollziehst, mitwirken.
Darum werde ich immer eine gehorsame Tochter
unserer heiligen Mutter Kirche sein.
Herr, ich werde dieses Versprechen
nur mit deiner Hilfe erfüllen können.
Schenke mir auf die Fürsprache deiner Mutter
die Gnaden, die ich benötige,
um vollständig
am Apostolat der heiligen Mutterschaft teilzunehmen.
Herr, ich bitte dich von ganzem Herzen,
mir diese Gnade in Fülle zu gewähren,
damit ich meinem Versprechen treu bleibe. Amen.

2. Weihe[45]

Herr Jesus Christus,
deinem heiligen Willen gemäß
weihe ich mein ganzes Sein
der größeren Ehre Gottes.
Ihr weihe ich meine Zeit, meine Energie und meine Mittel.
Ich weihe mich
der heiligen Jungfrau Maria, der Mutter Gottes.
Von nun an will ich
meine Aufgaben als Mutter und Ehefrau
mit beispielhafter Heiligkeit erfüllen,
indem ich ein kontemplatives Leben
der Vereinigung mit dir
im Herzen meiner Familie führe.
Auf diese Weise werde ich
im Schatten deiner Mutter
an den Zielen, die du
dem Apostolat der heiligen Mutterschaft gesetzt hast,
mitwirken.
Herr, gewähre mir die Gnade,
dieser Weihe treu zu bleiben.
Amen.

---

45 Das Gebet der Weihe kann nach der Eucharistie vor einem Mutter-Gottes-Altar oder vor einer auf den Altar gestellten Ikone gesprochen werden. Dieses Gebet hat sich an den Leitlinien, die Jesus dem Apostolat der heiligen Mutterschaft am 25. März 1987, dem Fest der Verkündigung, gegeben hat, inspiriert.

Inhaltsverzeichnis